자녀 사랑은 말씀암송이다

자녀사랑은
말씀암송이다

| 여운학 지음 |

규장

올바른 자녀 사랑의 길,
말씀암송

그리스도인의 몸을 가리켜 '하나님의 성전(聖殿)'이라고 성경은 말한다. 그렇다면 그 성전에는 마땅히 하나님의 말씀이 내주하셔야 하리라. 하나님의 성전인 우리의 몸을 지어주신 이는 하나님이시거니와 그 성전 안에 하나님의 말씀을 모셔 들이는 일은 오직 우리 그리스도인의 몫이다. 하나님의 말씀을 모셔 들인다는 것은 구체적으로 무엇을 뜻할까? 하나님의 말씀을 암송하여 이 말씀을 수시로 묵상함으로써 삶의 지혜를 얻고 어려움을 이겨나갈 힘을 얻으며, 참 자유와 참 기쁨을 누리는 것이 아니겠는가. 읽고 배우고 쓰는 것으로는 말씀이 잠시 쉬어갈 수는 있을지언정 항상 내주하실 수 있는 길은 오직 암송 묵상밖에 없다고 본다.

문제는 말씀을 암송하기가 쉽지 않다는 것이며 그보다 더 큰 문제는 지속이 어렵다는 것이다. 그러나 사슴이 시냇물을 찾기에 갈급함같이 사모하는 마음으로 암송하면 오히려 즐겁고 기쁘기만 하다. 나의 경우는 마흔이 넘어 늦깎이로 예수님을 영접하였다. 처음부터 요한복음과 시편에 매료되어 주야로 암송하며 이를 묵상하다 보니, 건망증 환자처

4

럼 기억력이 거의 소실된 주제에 도끼자루 썩는 줄 모르고 30여 년 동안 천 절 이상을 암송하게 되었다. 만일 어려서부터 나의 어머니가 말씀을 암송시켰다면, 아마도 몇 천 절은 거뜬히 암송했을지도 모르겠다는 생각이 든다. 요한복음 15장 전장 27절을 6개월만에야 제대로 암송할 수 있었으니 말이다.

하나님의 말씀은 참으로 놀랍고 신비한 능력이 있다. 암송한 말씀은 믿는 자 속에서 역사하신다(살전 2:13). 말씀을 암송한 사람에게는 이를 즐겨 묵상하는 중에 보혜사 성령께서 모든 것을 깨닫게 하시고 생각나게 하신다(요 14:26). 암송한 말씀은 성령의 검(劍)이 되어 세상의 유혹과 대적을 담대히 물리칠 수 있다(엡 6:17). 암송한 말씀은 언제나 마음에 평화를 주고 감사와 기쁨으로 넘치게 한다(요 14:27). 하나님의 모든 말씀은 능치 못하심이 없다(눅 1:37). 비록 어린이가 뜻도 모르고 암송했을지라도, 그 말씀이 어린이에게 지혜와 명철을 심어주셔서 경건함과 사려 깊음과 남을 배려하는 마음으로 채우신다. 또한 명철과 지혜의 눈을 뜨게 하신다(잠 1:7).

뿐만 아니라, 사모하는 마음으로 즐겨 말씀을 암송한 사람에게는 불면증, 우울증, 신경통, 류머티즘까지 깨끗이 낫는 치료의 은사가 주어지기도 한다. 자신감, 집중력, 자제력, 창의력을 허락하신다. 십 대의 갈등,

방황, 저항 대신 안정, 경건, 순종을 가져온다. 평소에 신경질을 피우던 주부는 말씀을 암송하면서 음성이 온유해지고 만면에 웃음꽃이 피기 시작한다. 항상 긴장이 감돌던 가정 분위기가 따뜻하고 밝아진다. 자녀 중심 암송가정예배를 날마다 드리면서 엄마와 자녀 사이, 아빠와 엄마 사이, 형제자매 사이가 얼마나 다정해지는지 모른다. 이 모든 증언을 이 책에 실은 엄마들의 암송일기에서 찾아볼 수 있을 것이다.

어려서부터 말씀을 암송시키고 날마다 암송가정예배를 드리는 습관이 몸에 배도록 교육하는 가정이 늘고 있다. 이 나라는 30년 안에 예수 그리스도의 향기로 가득해질 것이다. 크리스천 가정마다 말씀암송태교로 셋 이상의 자녀를 낳아서 조기 암송교육으로 양육한다면, 30년 후부터는 이 나라 이 민족의 복음화는 물론이려니와 예수 그리스도의 성품을 닮은 슈퍼 신인류들로 이루어진 엘리트 CEO들이 우리나라와 온 세계를 이끌어가게 될 것이다. 이 황홀한 꿈이 곧 303비전이다.

이 황홀한 꿈, 303비전을 실천하기 위한 성경암송 유니게 과정이 수도권, 부산, 대구, 대전, 평택 등지의 깨어 있는 목회자가 섬기는 교회에서 거의 반년 혹은 1년 전에 예약 순서에 따라 매주 쉴 틈 없이 개최되고 있다. 7주 과정 1,2단계 혹은 3단계를 수료한 엄마들은 계속하여 가정에서 자녀와 함께 말씀을 암송하고 날마다 암송가정예배를 드리도록 강권

하고 있다. 그들에게 신선한 도전과 지혜와 사랑의 격려를 주기 위해 '303비전 편지'를 매주 갓피플 303비전성경암송학교 사이트에 띄워왔고 앞으로도 그리할 것이다. 이 책은 최근 3년 동안 띄웠던 바로 그 편지들을 간추려 엮은 것이다. 이를 기획 편집한 규장의 편집부 여러분에게 이 자리를 빌려 고마움을 전한다.

졸저(拙著) 《말씀이 너무너무 좋아서》와 《말씀암송 자녀교육》에 이어 이제 《자녀 사랑은 말씀암송이다》를 상재(上梓)하면서, 자녀를 말씀으로 키우고자 애쓰시는 부모님들, 교회학교 선생님들을 비롯하여 말씀암송을 사모하는 모든 분들에게 조금이나마 도움이 되었으면 하는 마음이다.

보라 내가 새 일을 행하리니 이제 나타낼 것이라 _사 43:19a

2011년 1월
여운학

저자의 글

* * *

여호와를 경외하는 것이
지혜의 근본이요
거룩하신 자를 아는 것이
명철이니라 _잠9:10

The fear of the LORD is
the beginning of wisdom,
and knowledge of the Holy One is
understanding. _Proverbs 9:10

1부

자녀의 지혜는
말씀암송으로 열린다

달콤한 말씀암송으로
행복한 가정

하나님을 가장 기쁘시게 하는 성도의 도리는 진정으로 드리는 예배입니다. 교회에서 드리는 모든 경건한 공 예배를 주께서 기뻐하심은 말할 것도 없거니와 성도의 가정에서 날마다 온 가족이 한자리에 모여 드리는 가정예배를 주께서는 참으로 기뻐하실 줄 믿습니다.

주님은 303비전꿈나무들과 엄마, 아빠가 날마다 기쁨으로 드리는 암송가정예배를 얼마나 오래도록 참고 기다리셨을까요? 303비전성경암송학교 유니게 과정에서 훈련받은 엄마들이 시냇물을 찾은 사슴처럼 즐겨드리기 시작한 말씀암송 가정예배의 참맛은 말로 형용할 길이 없을 만큼 달콤하답니다.

303비전맘들을 위해 암송학교 38기 유니게 과정 2단계를 수료한 행복한교회의 진미선 사모님(부군: 최경락 목사)의 암송일기를 나눠봅니다.

가족이 함께하는 기쁨의 암송예배 2009년 10월 21일

아빠와 함께 암송예배를 드리는 날은 그동안 암송한 말씀을 순서대로 골라 아이들과 암송한 후 아빠의 말씀을 듣는다(일주일에 서너 번은 그리되는 것 같다). 아빠가 상황이 안 되는 날은 원래의 진도대로 하고, 아빠와 함께 드리는 날은 암송예배를 마친 후 원래의 진도대로 별도로 암송 시간을 갖는다.

반주는 하임(9세)이가 악보 없이 했다. 꿈송[1]과 맘송[2]을 반복하며 혼자 건반을 두드리다가 음을 찾아 처음으로 반주했다. 가정예배 드릴 때부터 자녀 중에 누군가 반주를 하면 얼마나 좋을까 꿈꿨는데 그 일이 현실로 이루어진 것이다. 아직 다른 곡들은 못 친다.

기도는 하진(7세)이가 꿈나무기도문[3]으로 한다. 하진이도 반복하다 보니 이제는 안 보고 그럴듯하게 기도한다. 오늘은 로마서 3장 23,24절 말씀을 암송했다. 성경을 펴지 않고도 본문을 줄줄 외울 수 있다는 게 얼마나 신기하고 감동적인지 글로 다 표현할 수가 없다. 더구나 아이들과 함께…. 아빠의 설명을 들은 후 각자 천국에 갈 수 있는지 확인하는 시간을 가졌다.

그러자 막내 하진이의 표정이 심각해지더니 급기야는 눈물을 뚝뚝 떨어뜨렸다. 엄마, 아빠, 형, 누나가 가는 천국에 자기도 가고 싶었던 게

---

1 꿈송 '303비전꿈나무들을 위한 노래'의 준말.
2 맘송 '303비전 유니게 과정 주제곡'의 준말.
3 꿈나무기도문 암송가정예배를 드리기 전에 온 가족이 함께 드리는 기도의 모범.

다. 혼자만 못 가나 싶어 슬펐던가 보다. 그래서 다시 아빠가 예수님의 십자가와 부활을 말씀해주시고 진지하게 영접 기도하는 시간을 가졌다.

기도를 마친 후 이제 다같이 천국에서 만날 수 있다고 환호성을 지르며 기뻐하는 아이들을 보면서 가슴이 뛰는 행복을 맛본다. 하진이한테는 잊지 못할 날이 될 것이다. 하진이는 아직 천국이 어떤 곳인지 잘 모르지만 사랑하는 가족이 함께 있는 곳이라니까 무조건 좋은 모양이다. 아빠와 함께 암송예배를 드리면서 내가 미처 생각하지 못한 부분들을 하나님께서 섬세하게 다뤄주시는 걸 경험한다. 그래서 아빠와 함께 암송예배를 드리는 날은 맘송의 첫 가사인 '엄마와 함께'를 '부모와 함께'로 바꿔 부른다.

나는 암송이 너무 좋다. 생명의 말씀이라는 사실이 정말 실제적으로 와 닿고 말씀이라는 단어만 떠올라도 가슴이 뛴다. 왜 이제야 암송을 만났을까. 아쉽기도 하지만 굶주린 상태에서 만났기에 더욱 그 진가를 경험한다. 특히 암송한 말씀이 떠오르면 행복해진다. 하나님이 정말 가까이 계신 느낌이 든다(이미 내 안에 계시지만 더 실제적으로 느껴진다).

'하나님, 저 참 행복해요. 말씀이 정말 달콤하고 좋아요. 하나님과 더 친해지고 싶어 항상 굶주렸는데 이제 그 길을 찾아 걷고 있어요. 다시는 허우적거리지 않을 거예요.'

즐겁고 기대되는
가정예배

　모든 교회는 가정예배를 강조합니다. 가정예배를 드리고 싶지 않은 성도 또한 없을 것입니다. 그럼에도 가정예배를 하루도 빼놓지 않고 드리는 가정은 극히 드뭅니다. 토요일 밤에 가정예배를 드리는 가정은 더러 있는 듯합니다. 그러한 현실을 잘 알면서도 교회는 가정예배 때 참고할 설교 말씀이 적힌 예배순서 지(紙)를 나누어줍니다. 그리고 성도들은 별 생각 없이 공손히 받아와서는 꺼내 보지도 않습니다.

　그렇다면 가정예배는 왜 드리기 어려운 것인지 생각해보셨나요? 시시각각 변화 발전하는 사회에서 온 가족이 나름대로 분주하게 살고 있기에 함께 모여 예배드리기가 힘들다는 것, 예배를 사모하는 간절한 마음이 사라져간다는 것, 예배 때 말씀을 선포해야 할 가장인 아버지의 신앙심이 비교적 약하다는 것 등등 몇 가지 이유를 생각해볼 수 있습니다.

하지만 그중 가장 큰 부담으로 다가오는 것은 가정예배 때는 설교가 있어야 한다는 고정관념 때문이 아닐까요?

하지만 말씀암송으로 가정예배를 드리면 이러한 부담감이 상당 부분 사라질 것입니다.

온 땅이여 여호와께 즐거운 찬송을 부를지어다

기쁨으로 여호와를 섬기며 노래하면서 그의 앞에 나아갈지어다 _시 100:1,2

예배란 성도가 감사하고 즐거운 마음으로 하나님께 경건하게 경배드리는 것을 말하지요. 공 예배에서는 설교로, 가정예배에서는 말씀 읽기 혹은 말씀암송으로 하나님께 경배를 드린다면 성도들의 가정, 가정마다 온 식구가 모여 앉아 즐겁게 예배를 드릴 수 있습니다.

유니게 과정을 다시 한 번 수료한 열정의 엄마, 대길교회의 이명선 사모님(부군: 탁진광 부목사)이 23개월 된 아들 월한이와 함께 드린 가정예배를 소개합니다.

일을 이루시는 하나님 2009년 9월 1일

유니게 과정 2단계까지 수료하여 암송 모임으로 은혜를 맛보았지만, 다시금 마음을 새롭게 하고 싶어 1단계를 시작했다. 오늘은 정말 설레는 마음, 기대하는 마음으로 유니게 교육을 받았다. 구름 떼같이 몰려든 엄마들을 보자 거룩한 경쟁심까지 생기며 정신이 번쩍 났다.

한 시간 반이 넘도록 엄마 옆에서 듬직하게 있어 준 우리 아들 탁월한! 하나님의 일하심이 아들을 통해 확인되는 순간이었다. 암송 실전 시간에 아이도 손가락을 꼽으며 열심히 뭐라고 중얼댔다. 그리고 내 짝꿍이 되어 엄마의 암송을 점검해주기조차 했다.

자녀교육에는 암송과 가정예배밖에 다른 대안이 없음을 적극 알려드린 몇몇 분들이 신기하다 싶을 정도로 모두 와주셨다. 고마운 마음을 서로 표현하며 '아! 하나님이 하셨구나' 하는 생각을 절로 했다. 나는 소개하는 것으로 씨를 뿌렸고 그 분들은 순종하는 것으로 물을 주었으니, 오직 열매 맺게 하는 분은 하나님이시다. 그리고 그 같은 하나님은 참 멋진 분이시다. 기대가 된다.

이제 말씀이신 하나님께서 내 안에서 일하시는 것을 볼 일만 남았다. 최선을 다하자. 그리고 좋은 엄마가 되자.

말씀을 심는 가족 2009년 9월 3일

늦게 퇴근하는 남편은 일주일에 한두 번만 가정예배를 드린다. 오늘은 남편이 일찍 오는 날. 오랜만에 신 나게 아빠랑 놀고, 먹고, 산책까지 다녀온 월한이와 나는 특별새벽기도 때문에 매우 피곤해하는 남편에게 "함께 예배해요" 하고 말했다. 월한이는 '예배'라는 단어는 확실하게 발음한다.

"아빠, 예배!"

내가 기도로 시작하고 맘송 1절을 부른 후, "이제 중보할 시간이야.

월한아, 누굴 위해 기도할까?" 하고 물었더니, "아빠!"라고 말한 다음에 바로 "엄마!"를 말했다. 남편은 아빠를 처음으로 외치는 아들에게 꽤나 감동한 모양이다. "매일 처음은 아빠래" 했더니 뿌듯해하는 모습이 역력하다. 아빠의 중보로 함께 기도했다.

지난번 암송가족캠프[1] 때 "기도하겠습니다"라는 말에 자리에서 즉시 무릎을 꿇는 진석이와 최에스더 사모님을 본 후부터, 우리도 기도할 때는 무릎을 꿇는다. 그리고 아들 또한 진석이 형아처럼 자동이 되었다. 역시 좋은 것은 빨리 따라 할수록 좋다.

범사에 헤아려 좋은 것을 취하고 _살전 5:21

한마디로 기대되는 우리 가족이다. 하나님의 말씀이 우리 안에 심어지니까 말이다.

감격스러운 예배 2009년 9월 6일

유니게 1단계를 재수하며 다시 시작된 우리 집 가정예배. 한 달 이상 멈췄던 예배가 재개되었다. 오늘도 아침에 참석하는 영아부를 시작으로 엄마의 암송학교까지 따라다니며 매우 바쁜 일정을 소화한 월한 군은

---

1 암송가족캠프 해마다 겨울과 여름에 2박 3일 동안 산간 수련장에서 누리는 즐거운 캠프.
　　　　　　　엄마, 아빠, 자녀들이 한방에서 잠을 자며 암송가정예배도 드리고 말씀암송훈련과
　　　　　　　자녀교육 특강 및 엄마들과 아빠들끼리의 대화 모임도 갖는다.

저녁 7시가 되어서야 집에 돌아왔다.

씻고 청소를 마친 후 청소기를 집어넣고 있는 나에게 다가와서는 웃으면서 "엄마! 예배?" 한다. 나는 순간 감동한 나머지 그 자리에 얼어붙는 줄 알았다.

"그래, 우리 예배드리자."

웃으며 화답한 내 마음속은 기쁨으로 가득했다.

'이거구나. 아이도 예배드리는 기쁨을 아는구나.'

밥 먹고 쉬 하듯 습관이 된 것도 있겠지만, 23개월 된 아들의 입에서 나오는 '예배'라는 말은 참으로 감동이었다.

"하나님이 기뻐하시겠구나. 우리 예배를…" 하고 이야기해주었다. 멋지다, 우리 월한이! 아들아, 천국 가는 날까지 우리 함께 기쁨으로 하나님을 예배하자. 사랑한다, 아들아!

예배로 놀이하는
아이들

바울은 교훈과 교육을 다음과 같이 분별합니다.

모든 성경은 하나님의 감동으로 된 것으로

교훈teaching과 책망과 바르게 함과

의로 교육하기training에 유익하니 _딤후 3:16

우리는 흔히 교회교육과 가정교육에 대해 교훈(teaching) 쪽이라 여기
지만 바울은 교회교육과 가정교육에 대해 훈련(training) 쪽으로 무게를
둡니다. 즉, 교육이란 말을 통해 가르치기보다 반복 훈련으로 몸에 익도
록 하는 것이지요. 그런 의미에서 볼 때, 암송훈련과 암송가정예배는 참
으로 효율적인 신앙교육입니다. 어려서부터 이를 몸에 익히는 것은 얼

마나 중요한 일인지 모릅니다.

《말씀 심는 엄마》의 저자 백은실 집사님의 자녀, 다섯 살 조이와 두 살 온유가 참으로 자연스럽게 놀이처럼 드리는 예배의 모습은 자녀를 키우는 부모님들한테 큰 도전이 될 것입니다.

다섯 살짜리 담임 목사님

조이 형제가 목사님이 되어 예배를 드리면 꼭 십자가가 새겨진 크리스털을 옆에 내려놓고 마이크 대용 막대기를 준비한다. 암송가정예배를 드리기 전 두 형제님이 먼저 예배를 드리고 있었다. 방해하고 싶지 않아서 잠깐 지켜보았다.

조이는 자기가 당회장 목사님이라며 "찬양하겠습니다"라고 말하더니, 주먹을 불끈 쥐고 상을 두드리며 "주의 팔에, 그 크신 팔에 안기세~ 주의 팔에~" 찬양을 했다. 뒤이어 "공기철 목사님 나오셔서 기도해주시겠습니다. 온유야, 나와. 네가 기도할 차례야" 하고 말한다. 성도가 되어 앉아 있던 온유 도련님이 앞으로 나가 대표기도를 한다.

'공기철 목사님이 누굴까?'

예배 때 광고와 축도를 해주시는 명성교회의 권영철 수석 목사님일 수도 있다는 생각이 들었다. 기도를 마친 온유 목사님이 다시 성도의 위치로 돌아가 앉았다.

"당회장 목사님이 말씀을 전하겠습니다."

둘이 예배놀이를 하는 모습이 예뻐서 웃고 있는 엄마, 아빠에게 조이 형제가 와서 말한다.

"아빠, 당회장 목사님 말씀 들으세요. 엄마도 경청하세요."

그러고는 시작되는 말씀, "오늘은 사무엘에 대해 얘기해줄 거예요. 사무엘은 예배를 잘 드렸어요."

설교 중에 다른 이야기로 빠져 엉뚱한 데로 잠깐 갔다가 다시 말씀을 맺는 조이 형제님. 온유도 당회장 목사님의 모습이 멋져 보였는지 냉큼 형아 자리로 가 앉더니, "주의~ 팔에~ 주의~ 팔에~" 찬양을 하면서 주먹으로 책상을 두드린다. 한참 진행된 두 아들의 예배가 어찌나 신선하던지. 두 형제의 예배는 그렇게 끝났다. 암송가정예배를 드리는 동안 온유 도련님은 옆에 있는 테이블에서 어린이 성경을 펼쳐놓고 "주의~ 팔에~" 하며 혼자만의 예배를 또 드리고 있었다.

게임도 아니고 장난감도 아닌 예배로 놀이를 한다는 것. 그 얼마나 경건하고 은혜로운 일인가. 아이들의 예배를 지켜보는 엄마, 아빠는 참 행복했다. 아이들의 마음에 예배의 기쁨을 주신 하나님께 감사를 드렸다. 어린아이를 사랑하시는 주님은 어떠한 모양의 예배라도 기쁘게 받으셨을 줄로 믿는다. 할렐루야~!

새로운 지혜로
함께하는 말씀암송

나는 자칭 크리스마스 신자로 만족하며 세상 성취욕에 열중하여 살다가 마흔이 되어서야 병상에서 성경을 읽고 말씀에 빠졌습니다. 그때 요한복음 15장 전장 27절을 암송하는 데 6개월이 걸렸습니다. 주로 출퇴근 시 만원버스 안에서 왕복 90분 동안 쪽지로 암송했는데, 아무리 생각해도 어지간히 우둔했고 그 끈기 또한 꽤 질겼던 것 같습니다.

처음에는 전장을 암송하는 데 3분이 걸렸고, 차츰 속도가 빨라져서 2분 40초, 2분 30초, 마침내 2분 20초까지 기록을 단축할 수 있었습니다. 당시 나는 온종일 틈만 나면 요한복음 15장을 암송하는 재미로 살았던 것 같습니다.

아침에 눈을 뜨자마자 잠자리에서 한 번 암송한 다음에 일어났고, 약속장소에서 기다릴 때나 혼자 걸을 때는 제발 아는 사람을 만나지 않기를 바라며 즐겨 암송했습니다. 밤이 되어 잠자리에 누우면 으레 요한복음 15장을 암송하다가 잠들었습니다. 어떤 날은 5절까지, 어떤 날은 7절까지 암송하다가 잠들었던 기억이 납니다. 그러는 가운데 암송 속도가 점점 빨라져서 드디어 2분 10초까지 단축하게 되었습니다. 물론 당시에는 스톱워치는 생각하지 못했고, 오직 손목시계 초침으로 재었지요.

그런데 우리 303비전장학생 중에는 1분 50초의 기록까지 내는 것을 보았습니다. 그런 경우는 얼마나 빨리 암송하는지 마치 방언하는 듯이 들립니다. 요즘 들어 나도 가끔 1분 50초의 기록을 낼 때가 있지요.

이와 관련하여 백은실 집사님의 매우 흥미롭고 유익한 암송법 이야기를 소개합니다.

스톱워치 암송법

조이 형제와 함께 매일 1,2단계 200절의 말씀을 돌아가며 복습한다. 그동안 손가락으로 절 수 꼽는 것이 잘 안 되어서 얼마나 애를 먹었는지 모른다. 다른 가정의 여섯 살 남자아이들도 다 그런지는 모르겠지만, "세월아~ 네월아~" 시간이 가든지 말든지 여유를 부리지를 않나, 여기저기 신경 쓰느라 집중하지 못할 때가 다반사이다. 어떤 날은 속전속결로 잘 나가다가도 어떤 날은 지지부진이다. 참을 인(忍) 자를 마음에 그리며 암송을 복습하는 그 시간이 나에게는 참으로 연단의 과정이 아닐 수 없다.

그래도 하기 싫은 내색 보이지 않고, 암송시간이 되면 하려고 애쓰는 모습을 높이 평가하여 기쁨으로 사명을 감당하고 있다. 느긋한 조이에게 뭔가 재미를 심어주며 속도를 내도록 해야겠다 싶어 핸드폰에 있는 스톱워치를 이용하게 되었다.

시작 버튼을 조이에게 누르게 한 다음, 나는 한 말씀 끝날 때마다 코치가 된 양 조이의 암송시간을 기록해가며 기록 갱신을 축하해주고 오버액션을 취했더니, 신바람이 난 조이 형제가 "이번엔 얼마나 빨리 했어요?" 하며 암송에 더 집중하여 속도를 가하면서 적극성을 보인다. 얼마나 갈지는 모르겠지만 사흘째 좋은 결과를 보이고 있다.

"하나님, 저처럼 쉽지 않은 암송의 길을 가는 엄마들에게 다른 사람들보다 몇 갑절의 지혜를 주소서. 하나님, 조이가 식상해지기 전에 항상 새로운 지혜 주실 거죠?"

아이들이
중심되는 예배

　세상에는 어려운 일이 참 많습니다. 특히 우리 일상에서 이미 버릇이 되어버린 생각, 곧 고정관념을 바꾸기란 참으로 어렵다는 사실을 신앙 생활의 연륜이 쌓일수록 더 절감하게 됩니다. 나는 그동안 가정예배의 중요성을 느껴 많은 성도들의 실태를 살펴보았습니다.

　가정예배를 강조하지 않는 교회도 없는 데 반해 이를 실천하는 가정도 드뭅니다. 왜 그럴까요? 가정예배를 드리는 데 많은 부담을 갖는 것이 현실입니다. 이에 대한 원인 가운데 가장 큰 걸림돌로 작용하는 것은 예배에 대한 고정관념입니다. 가정예배도 교회에서 드리는 공 예배처럼 드려야 한다는 생각이 굳어진 결과이지요.

　그렇다면 예배의 본질을 생각해보는 것이 중요하리라 여겨집니다. 예배란 하나님을 경배하는 의식이지요. 예배의 3대 요소는 찬양, 기도,

말씀입니다. 공 예배에서는 목사님이 성경말씀을 풀어서 성도가 이해할 수 있도록 설교합니다. 따라서 가정예배에서도 가장이 설교해야 한다는 고정관념이 은연중 못박여 있지요. 이러한 고정관념 때문에 밤늦게까지 일하는 가장은 자녀와 함께 가정예배를 날마다 드리기 어려울 뿐 아니라 가정예배를 드리게 되는 경우에도 성경말씀에 빗대어 자녀를 훈계하므로 자녀들이 가정예배를 기피하는 현상을 낳고 맙니다.

그렇기 때문에 303비전성경암송학교에서는 예배의 본질을 살려서 설교 대신 온 가족이 이미 암송한 말씀을 다 함께 반복 암송하면서 하나님의 은혜에 감사하는 암송가정예배를 드리도록 적극 권장하고 있습니다. 그리고 이렇게 하는 것이 올바른 가정예배의식이라고 확신합니다. 또한 자녀가 예배를 인도하고 찬송과 기도도 자녀 중심으로 드리게 되므로 자녀들의 리더십 또한 자연스럽게 키울 수 있습니다. 부모는 예배를 마칠 때에 성경말씀을 적용하여 자녀의 손을 잡고 축복기도를 드립니다. 이렇게 함으로써 자녀들이 자진하여 날마다 즐겁게 경건한 가정예배를 드릴 수 있습니다.

그러면 가정예배는 언제 드려야 좋을까요? 사실 아침이나 저녁, 어느 때든지 좋습니다. 홈스쿨링(home schooling, 재택학습) 하는 가정의 경우에는 아침이 더 좋다고 합니다. 예배시간은 짧게는 15분에서 30분, 길게는 한 시간 동안 자연스럽게 드리면 됩니다. 집을 떠나 있어 시간을 얻기 힘들 경우, 온 가족이 차를 타고 돌아오는 차 안에서도 드릴 수 있습니다. 아빠는 운전하고, 엄마와 자녀는 즐겁게 303비전 꿈나무송과 유니게송을 부른 다음에 자녀가 기도하고, 다 함께 이미 암송한 말씀을 큰 소리로 암송하면서 예배를 드리는 것입니다.

백은실 집사님의 홈페이지에 실린 한 엄마의 글을 소개합니다. 아직 유니게 과정을 교육받지 않았기에 어른 중심의 예배, 설교가 있는 예배를 드리는 것에 익숙한 고정관념을 벗어나지 못한 성도님임을 이해하고 읽으면 이해에 도움이 되리라 생각합니다.

집사님의 간증에 감동을 받고 2010년 7월 29일

오늘 여의도순복음교회 분당성전에서 있었던 세미나에서 백은실 집사님을 처음 뵈었어요. 집사님은 제가 누군지 모르시겠지요. 늦게 도착하여 맨 앞에 앉아 있던 뚱뚱한 아줌마가 바로 저였는데….

아이들 성경학교에 올 준비만 해온 터라 메모할 준비도 안 되어 있어서 핸드폰을 이용하여 메모하고 홈페이지 주소를 적어왔네요.

오늘 정말 은혜로운 시간이었어요. 저희 가정은 항상 가정예배를 드리지만 남편이 오후에 출근해서 밤에 늦게 오는 직업인지라 거의 남편과 둘이 가정예배를 드릴 때가 많아서 아이들과 예배를 드려야겠다고 생각해오고 있었지요. 그런데 오늘 집사님의 이야기를 들을 때 성령님이 제게 그 생각을 다시 일깨워주시며, 이제는 실천에 옮겨야 하는 때임을 알려주셨네요.

저희 큰애도 여섯 살인데 암송하는 말씀은 딱 네 절이에요. 집사님의 말씀을 들으며, 제가 얼마나 '하나님 안에서…'라고 말만 하면서 제대로 된 말씀교육을 시키지 않았는지 다시 돌아보게 되었어요. 정말 귀한 말씀들을 통해 도전도 받고 앞으로 어떻게 아이들을 말씀 안에서 양육 시켜야 할지 생각해보게 됩니다.

오늘 들은 집사님의 경험을 바탕으로 저 역시 말씀 안에서 하나님과 만나는 아이들이 되도록 양육해야겠어요.

예배를 포기하지 않는
아이들

오늘날은 세상이 너무나 비성경적인 방향으로 빨리 변하고 있습니다. 기성세대는 풍족하지는 않았으나 비교적 조용하고 순수한 환경에서 자랐다고 볼 수 있지요. 그러나 우리 자녀들은 너무나 복잡하고 염려되는 환경에서 자라고 있습니다. 어린 자녀를 키우는 부모라면 누구나 이를 염려하지 않을 수 없을 정도이니까요. 나는 일찍부터 크리스천 자녀의 교육문제를 어떻게 풀지 기도하는 가운데 확실한 꿈을 품게 되었습니다. 그것이 바로 '303비전'이지요.

기성세대에서 흔히 나타나는 성미 급하고 화를 잘 내는 기질은 성경공부나 신앙훈련만으로 고쳐지지 않습니다. 이에 대해서는 바람직한 근본대책을 세워서 크리스천 가정마다 말씀암송태교로 천성, 곧 품성(稟性: 타고난 성품)이 온유하고 경건한 자녀를 낳도록 하는 것이 최우선입니다. 그다음으로는 어린 자녀들에게 세상적인 인본주의 생각이 주입되기 전에 엄마가 가정에서부터 지혜롭게 하나님의 말씀을 암송시키고, 자녀 중심의 가정예배를 드림으로 자녀에게 신본주의 의식이 몸에 배도록 해야 합니다. 내가 꿈꾸는 303비전이 바로 이것이지요.

그래서 나는 303비전을 이루는 지름길은 엄마들에게 말씀암송을 훈련시키는 데 있음을 깨닫고 지금껏 10년이 넘도록 유니게 과정 암송교육에 온힘을 기울이고 있습니다. 대부분의 엄마들이 유니게 과정 1단계를 학습하는 동안 자신이 열심을 내어 즐겁게 암송하는 모습을 자녀에게 모범으로 보이며 동기를 부여함으로 자녀의 암송 동참을 유도하고 나아가 암송가정예배를 드리는 단계로 나아가고 있습니다.

자녀교육을 위해 엄마가 즐겨 보던 텔레비전을 없애고, 오직 말씀암송과 암송가정예배, 기독교 교양만화나 동화책 읽기에 힘씀으로 유치원 시절부터 303비전꿈나무 모범생, 으뜸모범생이 될 수 있는 암송실력을 쌓고 있습니다. 그렇게 해서 초등학교에 들어갈 무렵이면 자랑스러운 303비전꿈나무장학생이 되는 거지요.

대구 엠마오교회에 출석하는 김향숙 집사님의 가정은 303비전꿈나무 장학생 남매가 된 경태(11세), 영서(7세)와 함께 매일 두 시간씩 가정예배를 드리고 있습니다. 각각 500절과 400절을 주기도문 수준으로 또박또박 암송하는 실력은 날마다 두 시간씩 반복했기 때문에 맺힌 열매라 생각됩니다.

모두에게 두 시간씩 권할 수는 없거니와 가장 이상적인 방법은 엄마와 자녀가 서로 자연스럽게 대화를 나누고, 사랑과 이해가 조화를 이루는 가운데 즐겁고 기쁜 마음으로 암송교육과 가정예배를 드리는 데 있을 것입니다.

말씀암송 즐겁게 하기 2010년 7월 6일

경태는 등교하기 전, 말씀 한 장과 암송할 부분을 20여 분간 연습하고 학교에 간다. 그런 다음에는 영서가 어린이집에 갈 준비를 한 뒤, 말씀 한 장과 암송할 부분을 20여 분간 연습하고 등원 길에 나선다. 날마다 이렇다.

저녁식사 후, 가정예배를 드리기 전에 잠깐 샤워를 한다. 두 아이는 무엇이 그리 즐거운지 잠시도 쉬지 않고 종알거리고 깔깔대며 이야기를 나눈다. 예배를 선포하고 나서 두 아이가 서로 번갈아 예배를 인도하고 말씀암송을 한다. 웃으며 즐겁게 암송을 시작했지만 한 시간을 넘으면서 아이들 얼굴에 조금씩 힘든 기색이 스친다. 화장실을 다녀오는 시간을 갖고, 매실차를 한 잔씩 마시고 나서 암송을 다시 시작한다. 경태가 암송하는 500절, 영서가 암송하는 400절 점검을 마친 후 기도로 마무리한다.

두 시간 동안 말씀암송을 하면서 즐겁게 웃기도 하고 힘들어서 찡그리기도 했다. 그러한 가운데서도 이를 거부하지 않고 엄마의 말에 순종하는 아이들이 귀하고 감사하다.

더운 날 저녁때쯤엔 밖에 나가 산책하며 땀을 식힐 수도 있을 테지만,

아직 어린애들이 예배시간을 지키기 위해 맘에 새기고 노력하는 것도 감사하다. 주님 만나는 날까지 즐거운 마음으로 하나님께 말씀암송예배를 드릴 수 있기를 소망한다.

말씀암송에 탄력을 2010년 7월 8일

"엄마, 가정예배 드리기 피곤하고 힘들어요. 유니게 3단계부터 암송했으면 좋겠어요."

저녁식사를 하면서 영서가 말했다. 4단계 400절을 다 암송하는 대신 3,4단계 200절만 암송하고 싶다는 뜻이다. 더위 탓인지 저녁 시간에는 피곤해하는 기색이 역력하다.

샤워 후 가정예배를 시작했다. 영서가 예배를 선포하면서 우린 모두 힘차게 꿈송을 불렀다. 경태와 내가 돌아가며 기도하고, 3단계부터 암송을 시작했다. 경태가 5단계 마태복음 1장 전장을 하기 전 준비운동을 하듯 심호흡을 길게 두 번 한 후 "아브라함과 다윗의 자손 예수 그리스도의 계보라"로 시작한 암송이 이어졌다. 그 모습이 어찌나 우스꽝스러웠던지 영서와 함께 실컷 웃었다.

경태가 말했다.

"엄마, 이 마태복음을 암송할 때가 제일 재미있고 또 기대가 돼요."

암송을 하다 내가 잠깐 실수해서 틀리기라도 하면 아이들은 마냥 즐거워 웃는다.

시작할 때 앉아서 하던 암송이 잠이 와서 힘들어지면, 저희들 스스로 일어서서 암송하기도 한다. 어린것들이 애쓰며 포기하지 않고 암송하는 모습을 보면 맘속에서 기도가 절로 나온다. 결국 오빠의 암송이 다 끝나갈 즈음 옆에서 듣고 있던 영서는 잠이 들고 말았다.

오늘은 더운 여름을 이길 수 있는 체력을 달라고 기도하며 경태와 함께 가정예배를 마무리했다. 지치고 더운 날씨이지만 예배를 포기하지 않는 아이들이 귀하고 감사하다.

하나님의 성품이
심기는 암송예배

우리는 가정예배를 통해 행복을 누릴 수 있습니다. 행복에 대해 여러 가지 정의를 내릴 수 있겠지만 신앙인이라면 참 행복은 주님 안에서 감사와 기쁨으로 가득한 상태를 누리는 것이라 할 수 있지 않을까요. 그렇기 때문에 우리 자녀는 행복하게 자라야 할 특권이 있고, 부모 된 사람은 하나님께 선물로 받은 존귀한 하나님의 자녀를 감사함으로 여겨 기쁘고 즐겁게 양육할 사명이 있으며, 그렇게 이 사명을 다할 때 하나님께서 주시는 행복을 누릴 수 있는 것입니다.

하지만 자녀에게 말씀을 암송시킨다는 것은 쉬운 일이 아닙니다. 특히 열 살을 넘은 어린이는 엄마 말에 순종하여 고분고분 말씀을 암송하기보다 이러저러한 핑계를 대며 피하는 경우가 많습니다. 따라서 가급적 열 살 이전에 말씀암송 시킬 것을 권면합니다.

그러나 감사하게도 어려서부터 말씀암송을 익히며 자라는 어린이들은 첫째, 엄마의 말을 잘 듣고, 둘째, 하나님과 예수님을 사랑하게 되면서 하나님과 예수님께서 기뻐하시지 않는 일은 하지 않으려고 애쓰는 태도를 보입니다.

날마다 말씀암송예배를 드리며 사랑스러운 세 딸 사랑(9세), 예다(7세), 하늘(5세)이와 함께 유니게 과정 2단계 첫 부분 출애굽기를 암송하는 성덕교회의 황채미 사모님(부군: 김은수 부목사)이 쓴 양육일기를 나누어봅니다.

말씀 순종의 교육 2010년 6월 14일

출애굽기 20장 1절부터 17절의 말씀을 아이들에게 암송시켰다. 둘째 예다는 6절까지 암송하고 막내 하늘이는 3절까지 암송했다. 손가락을 꼽으며 즐겁게 17절까지 말씀을 따라 한 다음, 막내 하늘이가 말했다.

"엄마! 저는 엄마 말씀 잘 들을 거예요."

"나는 예수님도 좋고 성령님도 좋고 하나님도 좋아요."

이 말을 듣고 있던 예다가 말했다.

"엄마! 저는 예수님 닮아서 부모님께 순종하는 사람이에요."

하나님 안에서 말씀으로 함께 나누며 이야기꽃을 피우는 행복.

하나님, 아이들이 하나님을 더욱 사랑하고 예배자로 설 수 있게 하시고 이 일을 위해 제게 더욱 지혜와 힘을 주옵소서.

만물의 주인 되신 하나님의 은혜 2010년 6월 15일

큰딸 사랑이와 출애굽기 20장 18-21절 말씀을 암송했다. 그런데 놀랍게도 하늘에서 우레와 낙뢰 소리가 들렸다. 나도 모르게 소리를 지르며 앞의 말씀을 암송했다. 그러고는 "사랑아, 이것이 하나님이 계시다는 증거야" 했더니, 사랑이도 소리를 지르며 "우아! 하나님은 살아 계신다. 엄마, 옥상에 가서 번개를 보고 싶어요"라고 말했다. 나는 사랑이와 옥상에 올라갔다. 비도 많이 오고 낙뢰와 우레 소리가 요란했다. 사랑이가 하늘을 바라보며 감탄했다.

"엄마, 하나님은 하늘과 땅과 바다의 모든 것을 만드신 분이에요. 하나님은 정말로 멋진 분이세요."

사랑이의 감탄에 나 자신이 부끄러워졌다. 번쩍이는 번개와 우레 소리가 무서워서 옥상에서 내려가고 싶은 마음뿐이었기 때문이다.

하나님, 창조하신 만물 위에 충만하신 하나님을 찬양하게 해주세요.

하나님의 이름을 부르는 것 2010년 6월 16일

출애굽기 20장 1절부터 17절의 말씀을 암송하며 예배를 드렸다. 아이들에게 7절 말씀을 다시 읽어주며 "너는 네 하나님 여호와의 이름을 망령되게 부르지 말라. 이 의미가 뭘까?" 하고 물었더니, 막내 하늘이가 "엄마, 하나님 안 믿고 우상에게 절하는 거예요" 하고 말했다. 둘째 예다는 "엄마, 함부로 하나님 부르고 장난치면서 예배드리고 장난치면서 찬양하면 하나님을 망령되게 부르는 거예요. 그래서 나는 찬양할 때마다 손을 예쁘게 들고 찬양할 거예요" 하는 것이었다. 뒤이어 그 말을 들은 막내 하늘이는 "엄마, '저는 하나님 사랑해요' 라고 말할 거예요" 하고 대답했다. 아이들의 고백을 들으며 내가 좋은 모델이 되어야겠다는 생각을 했다.

하나님, 저희 가정이 하나님을 경외함을 통해 아버지의 기쁨이 되게 해주세요.

말씀 순종은 아이들의 기쁨 2010년 6월 17일

아이들과 함께 출애굽기 20장 1절부터 17절의 말씀을 함께 나누고 묵상하며 암송하는 중이다. 다섯 살인 막내 하늘이가 아직 어려서인지 가장 많은 변화를 보이고 있다. 평소에는 막내라서 마냥 사랑만 받으려고 했는데, 암송을 시작한 후 흥얼흥얼 그렇게 예수님이 좋다면서 찬양한다. 오늘은 묵상과 암송을 마친 후, 걸레를 들고 열심히 거실을 닦는다. 그러면서 "엄마, 이렇게 엄마를 도와드리면 하나님이 기뻐하시지요?" 하고 물었다. "그래. 하나님도 기뻐하시고 엄마 마음도 기쁘다" 하고 말했더니 더욱 잽싸게 손을 놀리며 걸레를 민다. 하늘이가 성령이 충만하여 새 힘이 솟는가 보다.

'하나님! 사랑이와 예다, 하늘이가 말씀을 즐거워하여 주야로 묵상하고 말씀대로 순종하며 살게 해주세요.'

하나님의 성품대로 2010년 6월 18일

둘째와 막내가 어린이집을 마친 후 집에 들어왔다. 막내 하늘이가 "엄마, 저 오늘도 순종 잘할 거예요" 하면서 손을 놀리며 신발 정리를 한다. 영(靈)의 양식이 들어가니 아이들의 영이 소생하는 것이 느껴진다.

출애굽기 20장 1절부터 17절의 말씀을 암송했다. 둘째 예다가 말했다.

"엄마, 저는 우상 숭배가 제일 싫어요. 그런데 친구 지혜는 엄마가 제사 지낼 때 절하라고 해서 절했대요. 너무 슬퍼요."

나는 예다와 하늘이와 함께 지혜 어머니와 그 가정이 예수님을 믿고 하나님만 섬길 수 있게 해달라고 기도했다.

'하나님, 저희 자녀들이 하나님이 싫어하시는 것을 싫어하고 하나님이 기뻐하시는 일을 즐거워할 수 있게 해주세요.'

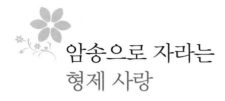

암송으로 자라는
형제 사랑

하나님께서 여성을 창조하실 때 누구에게나 자기희생적인 모성애를 주신 것에 대해 감사를 드릴 수밖에 없습니다. 만일 택하신 여성에게만 모성애를 주시고 택하시지 않은 여성에게는 안 주셨다면 인류는 이미 오래전에 멸절되었을지도 모를 일입니다. 그런데도 자녀를 참 사랑하는 길이 무엇인지 알지 못하는 엄마들이 많다는 점이 안타까울 뿐이지요.

둘 이상의 자녀를 키우다 보면 아이들끼리 티격태격 싸우는 일이 많게 마련입니다. 어떤 엄마는 '형제는 싸우며 자라는 법'이라는 사람들의 말에 따라 그러려니 하기도 합니다.

다른 엄마는 처음에는 조용조용 달래고 타이르다가 나중에는 버럭 화를 내기도 하면서 아이들이 엄마의 말을 듣지 않으면 손이나 회초리로 분이 풀릴 때까지 때리기도 합니다. 또 어떤 크리스천 엄마는 말씀으로 교훈하다가 뜻대로 되지 않으면 울음을 터뜨립니다.

그러나 현숙한 엄마는 본인이 먼저 말씀을 즐겨 암송하고 자녀에게도 암송을 시키는 한편, 날마다 자녀 중심의 암송가정예배를 드리면서 자녀들이 서로 다툴 때가 있으면 조용히 불러 앉혀놓고 시편 133편 1절 말씀을 함께 암송해보라고 합니다. 그러면 일단 자녀들이 억지로 그 말씀을 암송합니다.

"보라 형제가 연합하여 동거함이 어찌 그리 선하고 아름다운고."

엄마는 근엄하게 다시 지시합니다.

"서로 바라보면서 더 큰 소리로 다섯 번 암송해."

자녀들은 아무리 어려도 그 말씀의 뜻을 알고 있을 뿐 아니라 성령님의 강력한 역사로 말미암아 터져 나오는 웃음을 삼키면서 큰 소리로 그 말씀을 암송합니다. 그리고 결국 서로 킥킥거리며 웃기 시작하고 언제 다투었던가 싶게 사이좋게 지냅니다.

달서교회의 예나영 사모님(부군: 민병이 부목사, 형원 7세, 강현 5세)이 유니게 과정 35기 2단계 교육을 받는 중에 쓴 일기를 함께 나눠봅니다.

암송으로 다지는 형제애 2010년 7월 9일

요즘 매일 동생과 다투는 일로 씨름하는 형원이. 때로는 매로, 무서운 표정으로, 함께 손을 잡고 기도하는 식으로 서로에 대한 마음이 하나님 앞에서 어찌 해야 하는지를 매일 반복해서 일러주고 있다. 하지만 아이들이 말을 잘 듣지 않을 때는 나 자신의 한계에 화가 더 많이 난다. 왜 이것밖에 안 되는 것인지 나를 자책하며 깊은 수렁에 빠질 때가 한두 번이 아니다. 암송 책을 펴며 나에게 강하게 말씀하시는 주님의 음성을 듣는다.

"내 멍에는 쉽고 내 짐은 가벼움이라."

맞다. 주께 가면 쉽고 가벼워지는데, 주님보다 앞서 가는 내 모습을 보게 하셨다.

오늘 오전에 드리는 암송예배가 끝나고 점심때가 다 될 무렵, 형원이가 갑자기 울먹울먹하며 자기의 힘든 마음을 호소하려는 것 같아서 내가 먼저 입을 열었다.

"뭐든지 얘기해. 엄마한테 속상한 거 있으면 다 얘기하렴."

마주 보고 앉아 두 손을 꼭 잡아주며 또 등을 쓰다듬어주며, 편안한 마음으로 얘기할 수 있도록 도와주었다.

"엄마! 그런데요, 마귀가 자꾸 내 마음에 쳐들어와요. 강현이를 때리고 싶은 마음이 자꾸 들어요. 엉엉."

눈이 빨개지도록 우는 형원이.

"그래, 그것 때문에 힘들었구나."

토닥거리며 힘껏 껴안아주었다. 나의 눈가 또한 눈물로 촉촉이 젖어버렸다. 아들과 함께 눈물을 흘리자, 답답하기만 했던 마음이 풀리면서 '이건 분명 죄에 대한 아픔의 눈물이다'라는 깨달음이 밀려왔다. 형원이도 나도 통회의 눈물을 계속 쏟아내고 있었다.

아직 암송하지 않았지만 에베소서 6장 말씀인 전신 갑주에 대해 묵상하며, 다시는 마귀가 범접하지 못하도록 말씀을 힘써 암송하기로 굳게 결단했다.

둘째 아이 강현이가 졸라댄다.

"엄마, 또 암송예배 드려요."

"엄마, 또 암송해요."

"마귀가 계속 쳐들어와요."

하나님의 말씀으로 전신 갑주를 입지 않으면 쳐들어오는 마귀를 대적할 수 없다는 사실을 어찌 그리 빨리 알아듣고, 말씀암송과 암송예배를 드리려 하는지. 오늘은 두 아이를 통해 울고 웃는 귀하고 복된 시간을 보냈다.

'주님, 감사합니다.'

조기 암송교육의 힘

　10여 년 전, 나는 성경암송학교 유니게 과정을 시작하기에 앞서 장로로 섬기던 교회에서 1년 동안 자원하는 젊은 엄마들 10여 명과 어린 자녀들 20여 명에게 암송교육을 실시했습니다. 그때를 돌이켜보면 스스로 쓴웃음이 납니다. 그때 생각으로는 초등학교 3학년 이상의 어린이에게만 암송교육이 가능하리라 여겼기 때문입니다.

　마침내 유치원생 어머니들의 간청에 못 이겨 그들에게도 수강 자격을 허락했을 때 놀라운 사실을 발견했습니다. 유치원생이 엄마의 가르침을 제일 잘 따를 뿐 아니라 암송 능력도, 열심도 그 형과 누나, 오빠, 언니 들보다 훨씬 뛰어나다는 사실을 알게 된 것입니다. 더불어 놀라운 것은 초등학교 3학년만 되어도 엄마의 가르침을 따르지 않는 어린이가 많다는 것이었습니다.

물론 중학생과 고등학생, 심지어 대학생이 되어서도 평소에 부모님 말씀에 순종을 잘하는 자녀들은 엄마의 가르침을 잘 받아들이기도 합니다. 그러나 날이 갈수록 어린이들이 사춘기의 특성으로 나타나는 반항과 불순종의 태도를 보여주고 있는 것 또한 사실입니다. 여덟 살만 되어도 엄마 말씀을 따르는 자녀를 찾기 힘든 것이 지금의 현실입니다. 그렇기 때문에 조기 가정교육의 힘을 다시 한 번 생각해보게 되며 더불어 말씀암송교육의 위력을 깨닫게 되는 것입니다.

7살 하윤이와 5살 예진이, 두 딸에게 말씀암송을 가르치는 옥인교회 최선혜 사모님(부군: 남수현 부목사)의 양육일기를 소개합니다. 또래의 자녀를 가진 엄마들에게 공감과 도움을 줄 수 있으리라 기대감을 품어봅니다.

숨은 말씀 찾기로 암송시간을 즐겁게 2010년 10월 2일

아이들과 어렵게 암송하다 보니 암송교육을 왜 해야 하는지 낙심될 때가 많았다. 기도하는 가운데 주께서 문득 아이들이 즐겁게 암송할 수 있는 아이디어를 떠올려주셨다.

아이들이 좋아하는 놀이판 중에 뒤집기 판이 생각난 것이다. 뒤집기 판에 아이들이 외운 말씀을 포스트잇에 하나씩 적어서 붙이는데, 꽝도 네 개 정도 넣어서 벌칙으로 엉덩이로 이름 쓰기 혹은 10초 동안 숨 참기를 하기로 했다. 하윤이와 예진이가 가위바위보로 순서를 정하고 뒤집기 판을 넘길 때마다 나오는 말씀을 큰 소리로 암송했다.

그러다가 꽝이 나온 하윤이가 먼저 엉덩이로 이름을 썼고, 다시 꽝이 나온 예진이가 10초 동안 숨 참기를 하며 말씀을 암송하니 아이들이 많이 좋아했다.

나에게 작은 아이디어를 주셔서 아이들이 즐겁게 말씀을 암송하도록 해주신 하나님께 감사를 드리며, 게으름을 피운 나의 모습을 회개했다.

종일토록 우리 예배를 받으시는 주님 2010년 10월 3일

주일에 예배드림이 기쁜 일이긴 하지만 하윤이와 예진이는 유치부 예배, 엄마와 함께 드리는 사모 기도회, 오후 찬양예배(어른 예배)를 연이어 종일토록 드리니 힘이 들 것 같다. 오후 찬양예배를 드리는 중에 목사님이 '죄인'이라고 설교하시자 하윤이가 뭔가를 적어서 나에게 보여주는데 바로 로마서 3장 23절 말씀이었다.

하윤이가 말했다.

"엄마, 목사님이 죄인이라 설교하실 때 로마서 3장의 '모든 사람이 죄인 되었을 때'가 생각났어요."

"우아, 우리 하윤이 대단하다. 설교 말씀을 들으면서 암송했던 말씀을 생각하다니…."

칭찬해주니까, 아이가 참 좋아한다.

종일 예배를 드리며 말씀 듣는 귀가 민감해지고 그 말씀대로 사는 하윤, 예진 그리고 나, 최선혜가 되고 싶다. 물론 저녁에 암송가정예배도 빠짐없이 드렸다.

하윤이의 생각과 말씀을 연결시키시는 주님 2010년 10월 4일

예배 인도는 예진이가 하고 맘송과 꿈송으로 찬양을 드리고 기도는 엄마인 내가 했다. 예진이는 데살로니가전서 2장 13절을 암송했으며 하윤이가 암송노트를 보고 이사야서 1장 18절에서 20절 말씀을 읽었고 나는 시편 100편을 암송했다.

"엄마는 아빠랑 교역자님들과 사모님들과 함께 남이섬에 잘 다녀와서 감사하고, 하윤이와 예진이가 유치원에서 잘 지내기 때문에 감사해서 시편 100편을 암송했단다."

"엄마, 난 이사야서 1장에 나오는 '흰 눈과 양털'이 눈에 띄었어요. 그때 머릿속에 유치부 찬양인 〈흰 눈처럼 양털처럼〉이 떠올랐어요. 아직 암송한 말씀이 아니라서 암송노트를 보면서 그 말씀을 읽었어요."

"우아, 우리 하윤이 놀랍구나. 그럼 하윤아, 그 찬양 불러줄래요?"

참 잘 부른다고 칭찬해주니까 마냥 좋아한다. 내가 암송하는 말씀을 듣고 그 말씀이 하윤이 안에서 역사하심을 볼 때 정말로 감사하고 감격스럽다.

아파도 암송을 소중히 여기는 하윤이 2010년 10월 5일

하윤이가 밤새도록 기침하느라 잠을 설치고 열이 나서 유치원에 가지 않고 집에서 지냈다. 병원 치료를 받고 집에 오자마자 하윤이가 먼저 와서 "엄마, 우리 암송해요" 하고 말했다. 아파서 기침 때문에 말하기도 힘들 텐데 요즘 부쩍 하윤이가 말씀의 은혜 안에 거하는 것 같아서 기쁘고 감사했다. 우리는 서로 돌아가며 고린도전서 13장부터 요한복음 15장까지 암송했다.

예배를 드리는데 하윤이가 인도한다고 해서 "아픈데 괜찮겠어?" 하고 물었더니, "괜찮아"라고 답했다. 꿈송과 맘송 1절로 찬양을 드리고, 기도는 예진이가 졸음이 가득한 상태에서도 씩씩하게 했다. 예진이는 고린도후서 5장 17절과 창세기 1장 1절을 암송했고, 하윤이는 출애굽기 20장 1절부터 21절까지 읽었다.

옆에서 듣던 예진이는 곧잘 암송하며 따라 했고, 나는 신명기 28장 1절부터 6절을 암송했다. 서로를 위해 중보기도 하고 서로 "사랑해" 하고 꼬옥 안아주면서 예배를 마쳤다.

아이들한테서 나의 모습을 보고 회개하다 2010년 10월 6일

오늘따라 하윤이가 말씀암송을 하기 싫어하고, 내 속을 뒤집어놓을 정도로 말을 안 들었다. 나는 하윤이를 닦달하며 암송하라고 강요하다가 끝까지 말을 듣지 않아서 암송하는 대신 읽기만 하라고 말했다. 먼저 예쁘게 암송한 예진이는 이 모습을 지켜보고 있었다.

저녁에 암송예배를 드릴 때 예진이가 예배를 인도했다. 꿈송으로 찬양을 드리고 기도는 언니가 하라고 예진이가 말했는데도 하윤이가 기도하지 않자, 낮에 암송할 때 내가 하윤이를 닦달한 것처럼 "빨리, 빨리, 기도해!" 하면서 예진이가 언니를 닦달하는 것이 아닌가.

순간 내 머릿속에 낮에 하윤이한테 했던 행동이 생각났다. 나의 어리석은 행동을 예진이가 그대로 따라 하는 것을 보니 마음에 찔림이 왔다. 다 같이 고린도전서 13장 4절부터 7절을 암송한 다음, 아이들에게 말했다.

"엄마가 미안하다. 고린도전서 13장 4절부터 7절의 말씀처럼 하지 못하고 성내고 무례히 행해서 미안해. 하윤이랑 예진이가 엄마의 잘못했던 모습을 따라 하는 것을 보니 하나님이 엄마를 꾸짖으시는 것 같구나. 앞으로는 엄마가 조심할게. 성내지 않고 예쁘게 말할게. 너희들도 그렇게 하는 거지?"

나는 부끄럽고 미안한 마음으로 아이들에게 용서를 구했다. 그리고 하나님께 회개기도를 드리고 예배를 마쳤다.

암송으로 함께
성장하는 가족

"10년이면 강산이 변한다", "서당 개 3년이면 풍월을 읊는다"라는 말 그대로 나는 성경암송학교 유니게 과정을 10년이 넘도록 섬기면서 엄마들의 진솔한 일기를 통해 많은 것을 배웁니다. 믿음과 성품과 학식과 환경이 서로 다른 엄마들의 모습에서 그리고 유아기 젖먹이로부터 청년기에 이르기까지 자녀들을 기르고 가르치며 함께 울고 함께 즐거워하는 엄마들의 희비쌍곡선을 바라보는 동안 인간 이해와 자아 발견의 기쁨을 맛보곤 합니다.

자녀교육 문제나 본인의 허물어져가는 신앙 문제로 벙어리 냉가슴을 앓던 엄마들이 성경암송학교 유니게 과정에서 열심히 배우며 자녀들과 함께 날마다 암송가정예배를 드림으로 행복의 꽃을 피우고 있는 것을 바라볼 때면 얼마나 보람된지 모릅니다.

은상(10세)이와 희상(8세)이, 두 아들을 키우고 있는 대흥제일교회의 현혜연 사모님(부군: 김종욱 부목사)이 쓴 일기를 소개합니다. 의사로 일하는 동시에 한 지붕 아래 양부모님을 모시고, 목회 사역에 헌신하는 부군을 조용히 내조하며, 두 자녀와 씨름하는 1인 4역의 고달픈 삶에서 얼마나 많은 아픔과 어려움을 겪고 있었겠습니까? 하지만 유니게 과정을 만나면서 본인의 신앙을 회복하고 두 아들을 더 깊이 이해하게 되었습니다. 이를 바탕으로 어린 아들에게 엄마의 연약했던 부분을 고백하는 일기를 통해 많은 것을 나눌 수 있으리라 믿습니다.

나에게 사랑하는 법을 가르쳐주는 은상에게 2010년 9월 3일

은상아! 매일 같이 살면서, 같이 밥 먹고, 같이 공부하고, 같이 자고, 같이 놀러 다니면서 왜 엄마는 아들에게 하고 싶은 말이 그리도 많은 걸까? 함께할수록 설명하지 못해서 오해하고, 이해하지 못해서 상처받고, 성질대로 행동해서 후회되는 일이 많아서 그런가 봐. 어른인 엄마가 참 바보 같지?

엄마가 고등학교 1학년, 그러니까 열일곱 살 때 10년 후에 되고 싶은 것을 적으라고 해서 '어른다운 어른이 되는 것'이라고 쓴 적이 있었어. 하지만 그로부터 10년 또 10년이 지났는데도 엄마는 아직 어른답지 못한 부분이 많은 모양이야.

은상아! 사실 엄마에게 조금 어른스러운 부분들이 있다면, 그것은 다네 덕분이라고 고백해야겠다. 널 키우면서 좌충우돌하는 동안 숨은 나의 진짜 모습들과 마주하게 되었고, 괴롭고도 힘들었지만 어른으로 성장하려고 하나님과 씨름하며 노력하게 되었지. 엄마는 그렇게 자라기 시작한 것 같아. 요새는 말씀암송 덕분에 엄마가 성장한단다. 오늘 암송한 말씀에서는 기도하는 법을 배웠지.

> 아무것도 염려하지 말고 다만 모든 일에 기도와 간구로
> 너희 구할 것을 감사함으로 하나님께 아뢰라
> 그리하면 모든 지각에 뛰어난 하나님의 평강이
> 그리스도 예수 안에서 너희 마음과 생각을 지키시리라 _빌 4:6,7

요한복음 15장 7절 말씀과 같이 항상 하나님 말씀에 거하면 기도가 이루어진다는 말씀을 알면서도 그렇게 할 자신이 없었는데, 이처럼 위로가 되는 말씀이 다가온 거지. 무엇이든지 염려하지 말고 감사함으로 기도하고 간구하면 (비록 이루어지지 못한다 해도) 하나님의 평강이 예수님 안에서 엄마 마음과 생각을 지켜주실 테니 말이야.

은상이는 엄마보다 일찍부터 말씀을 통해 성장하면 좋겠다. 암송할 때마다 잘 외워지지 않는다고 눈물짓는 너를 보며 안타깝기도 했지만 엄마 마음은 기뻤단다. 왜 그랬을까? 아무튼 지금도 그때 일을 생각하면 엄마 얼굴에 미소가 번진단다. 이런 기쁨, 너 말고 누가 엄마에게 안겨줄 수 있겠니? 정말 고맙고 하나님께 감사를 드린다.

은상아, 엄마가 가끔 판단하고 한숨짓고 잔소리를 하거든, 엄마가 아직

덜 커서 그런 것이라 이해해다오. 있는 모습 그대로를 사랑해주지 못하는 엄마는 아직 너를 통해 사랑하는 법을 배우며 자라는 중이라고 말이야.

꼭꼭 기억해줘! 너는 우주에서 하나뿐인 특별한 아들이기에, 네가 무슨 일을 저질러도 나에게는 사랑받을 만하고 사랑스러운 아들이란 사실을….

세 번째로 사랑받는 사람이 된 감격 2010년 9월 4일

부부관계에서 사랑은 '결단'과 '책임'이라는 사실을 배우는 과정이라면, 큰아이와의 관계에서는 '갈등'과 '성장'을 경험하며, 작은아이와의 관계에서는 '내 안에 이런 사랑이 있었나?' 하는 '발견'과 '기쁨'을 맛보는 여정인 것 같다.

애정 표현이 각별한 귀염둥이 희상이는 오늘도 암송예배를 마치고 사랑 고백을 진하게 한다.

"엄마, 사랑해! 진짜 진짜 정말 많이 사랑해!"

으스러지게 엄마를 안아주더니 한마디 더한다.

"세상에서 세 번째로 사랑해. 첫 번째로 하나님, 두 번째로 예수님, 세 번째로 엄마를 정말 많이 사랑해!"

아, 세 번째로 사랑받는다는 사실이 왜 이리 기쁘고 감격스러운지.

희상이가 정말로 깊이 하나님과 예수님을 알고 사랑하길 소망하며, 세 번째로 사랑받는 영광을 누림에 감사를 드린다.

성경암송, 어릴수록 좋다? 맞아, 어릴수록 좋다! 2010년 9월 5일

희상이는 형이 있는 아이답게 형과 자신을 비교하면서 부족한 부분에 대해 두려움을 갖거나 자신 없어 한다. 성경암송 역시 그렇다. 은상이는 교회에서 열린 지난 암송대회에서도 학년을 통틀어 1등을 했다. 하지만 실상은 내가 암송학교에 다니기 전에는 은상이의 암기력 향상이 우리 가족의 기도제목이었을 정도로 뒤떨어졌다.

희상이는 형아의 3분의 1 정도만 겨우 암송했었다. 매 주일 암송하는 말씀에 대해서도 "너무 길다, 말이 어렵다, 이해가 안 간다"고 하면서 투덜거리고 암송이 안 된다면서 울던 희상이었는데.

오늘 〈까만 나라 노란 추장〉을 읽었다. 서울 농대 교수였던 한상기 박사님이 케임브리지 대학의 초청을 뿌리치고 아프리카의 식량난을 해결하는 데 도움을 주기 위해 아프리카에 가서 종자와 품종을 개량하며 아프리카 사람들을 열심히 섬기다 보니, 자연스럽게 추장으로까지 추대된 이야기를 다루고 있었다.

"노란 숲 속에 두 갈래 길이 있습니다. 하나는 넓고 평탄한 길이었고, 하나는 좁고 험한 길이었습니다. 여기, 한 사람이 험한 길로 떠났습니다. 그 길은 외롭고 고달프지만 한 알의 씨앗이 되어 수많은 열매를 맺을 수 있는 길이었습니다"란 대목을 읽어주자, 희상이가 말하기를 "엄마, 내가 암송한 말씀이네. 좁은 문으로 들어가라. 멸망으로 인도하는 문은 크고 그 길이 넓어 그리로 들어가는 자가 많고 생명으로 인도하는 문은 좁고 길이 협착하여 찾는 자가 적음이라"(마 7:13,14)는 말씀을 줄줄 암송하는 것이 아닌가. 억지로 시킨 적도 없었고 암송가정예배를 드릴 때도 형은 앉아서 읽는 동안 데굴데굴 구르기만 하며 읽지도 않아 늘 나의 마음을 불편하게 하더니, 어떻게 그 입에서 줄줄 말씀이 나오는지 신기하고 방통할 뿐이었다.

그래서 장로님이 암송교육은 어릴수록 좋다고 하시는 거구나. 아이가 엄마의 말을 잘 듣지 않는다고 옥박지르지 말라고 하신 것은 이런 이유 때문이었구나. 암송예배를 꾸준히 드려야 한다고 하신 것은 이래서였구나. 이 모든 것이 한순간에 진리로 깨우쳐졌고 곧이어 자신감이 생겼다.

그렇다. 암송가정예배를 날마다 꾸준히 드리자!

하나님나라는 왕국이지 민주주의가 아니다 2010년 9월 8일

우리 은상이가 열 살이 되더니 십 대의 반열에 들어서긴 했나 보다. 요새 들어 부쩍 반항심을 표현하고 있다. 내가 말하면 "알았어요, 알았어요, 알겠다고요" 하는 정도였는데, 오늘은 할아버지의 말씀을 잔소리라 여겼는지 반기를 드는 것이었다. 아버님도 연세가 드시면서 잔소리가 많아지신 것 같기도 하다. 그리고 명령조이니까 더 그렇게 보인다.

아버님이 "문 닫아라. 더운 바람 올라가면 2층 덥다" 라고 말씀하시자, 은상이가 바로 "괜찮아요. 그 정도 올라가는 건 별 상관없어요" 하고 답하는 것이 아닌가. 옆에서 설거지하던 나는 자신도 모르게 눈을 동그랗게 떴는데 그쯤에서 그냥 마무리가 되었다. 나중에 은상이에게 조용히 말을 꺼내니까, "요즘 들어 선생님, 할아버지, 할머니 잔소리가 너무

듣기 싫어요" 하고 말했다. 내 눈치를 보느라 그랬는지 엄마 얘기는 쏙 빼놓는다.

담임선생님 체벌이 조금 과하다 싶더니만 이래저래 불만이 쌓인 모양이다. 은상이가 많이 커서 사리를 판단하는 때가 되었구나. 하지만 좀 더 있으면 65년 된 할아버지의 습관을 받아들이고 선생님의 고충을 이해할 수 있으리라. 그래도 은상이는 지금 열 살인 것을 감안하여 달래주었다. 그리고 가장 중요한 것은 왕이신 하나님께 순종하는 훈련을 받는 것이라고. 하나님나라는 왕국이지 민주주의 나라가 아니라고.

은상이가 지금은 비록 납득을 잘 하지 못하고 있어도, 이해를 어려워해도 영광스러운 주님의 명령을 기쁨으로 받는 사람이 되도록 더욱 기도해야겠다.

미소 연습

꽃은 사람에게 기쁨을 선사한다. 청초한 아름다움으로 신선한 향기로 가슴을 따뜻하게 해준다. 미소도 사람에게 기쁨을 선사한다. 길을 가다가 미소 지으며 걷는 사람을 보면, 비록 나와는 아무 상관이 없는 사람일지라도 괜히 기분이 좋아진다. 사랑하는 사람이 미소로 다가오면 이보다 더 큰 기쁨을 어디서 얻으랴.

꽃과 미소는 기쁨과 행복을 선사하는 면에서 사촌이다. 영원토록 아름답고 향기 가득한 꽃밭에서 사랑하는 사람의 미소를 받으며 자신의 미소를 보내며 사는 사람이 있다면, 이보다 더 큰 행복이 어디 있으랴.

나는 이렇게 좋은 미소를, 불행하게도 어려서는 잘 모르고 자랐다. 아버지와 겸상하여 식사할 때는 음식 씹는 소리가 나지 않아야 했고 물을 마실 때도 소리가 나지 말아야 했으며 밥숟가락으로 덜그럭 소리도 내지 말고 밥그릇을 비워야 했다. 그것이 양반 집안의 식사예절이었다. 그런 엄격한 유교 문화의 가정환경에서 자랐기에 미소는 경솔로 치부했다.

고등학교 시절에 6·25전쟁을 겪은 까닭에 부산에 피난 가서 미 제2병참기지사령부의 GI버스 콘닥터라는 3등통역관으로 취직을 하게 되었다. 그때 처음 보는 미군들이 미소를 지으며 눈인사를 하고 지나가는 것이 아주 큰 감동으로 다가왔다. 그래서 나 또한 미소 짓는 연습을 하리라 다짐하고, 잠자리에 누워서 잠들기 전에 혼자 미소 짓는 훈련을 하기 시작했다. 손거울을 보며 미소를 짓는다. 눈은 반달처럼 둥글고 가늘게, 코는 넓적 평퍼짐하게, 입은 양 귀까지 늘어날 듯, 이는 보일 듯 말 듯 소리 없이 웃다 보면, 제 꼴이 우스워서 함박웃음을 지으며 기쁨 속에서 잠들 수 있었다.

이처럼 날마다 혼자서 미소 연습을 하다가 대학생이 되었고, 서울 수복 이후 한때 계동에서 자취를 했다. 아침 일찍부터 산비탈 판자촌에서 쨍쨍쨍 날카롭게 귀를 찢는 쇳소리가 온 계동 마을을 흔들어놓았다. 가난한 사람들이 먹고살기 위하여 미군부대에서 나오는 빈 깡통을 주워다가 판판하게 두드려서 쓰레받기 같은 것을 만들어 팔곤 할 때였다.

그때 문득 '아, 저 소리는 가난한 사람들이 연주하는 생명 교향곡이다'라는 생각이 섬광처럼 떠올랐다. 전에는 몹시 짜증스럽게 들리던 아침의 쇳소리가 음악 소리로 들리기 시작했다. 동시에 '무엇이든지 미소로 받아들이면 아름다움으로 바뀌는구나' 하는 생각이 들었고, 그 자리에서 즉흥시가 흘러나왔다. 미소의 기쁨으로 변화된 본인의 이 즉흥시는 이후 주간지인 서울대학신문 100호에 '微笑'라는 제목으로 수록되었다.

미소로 잠을 깨라.
미소로 받아들여라.
미소로 생각하라.

미소로 행하라.

미소로 잠들라. 그리고

미소로 죽는기라.

Awake in smiling ;

Accept in smiling ;

Think in smiling ;

Do in smiling ;

Sleep in smiling, and

Die in smiling.

당시의 나는 그리스도 안에서 누리는 영생을 모르고 있었기에, 미소로 죽는 것이 최고의 멋이요 소원이었다. 그러나 지금은 "미소로 죽어라(Die in smiling.)"가 화려한 탈바꿈을 했다. "미소로 영원히 잠들라(Sleep in smiling forever.)"로.

지금은 세상이 주는 기쁨으로 말미암은 미소를 뛰어넘어 그리스도 안에서 오는 기쁨으로 말미암은 미소를 즐겨 묵상한다.

주 안에서 항상 기뻐하라 내가 다시 말하노니 기뻐하라 _빌 4:4

Rejoice in the Lord always. I will say it again: Rejoice!

_Philippians 4:4 (NIV)

* . * . *

여호와의 교훈은 정직하여

마음을 기쁘게 하고

여호와의 계명은 순결하여

눈을 밝게 하시도다 _시 19:8

The precepts of the LORD are right,

giving joy to the heart.

The commands of the LORD are radiant,

giving light to the eyes. _Psalms 19:8

2부

자녀의 성품은
말씀암송으로 온전해진다

암송예배의
조용한 혁명

이 땅에는 지금 조용한 혁명이 일어나고 있습니다. 자녀 중심 암송가정예배를 드리는 가정이 늘고 있는 거지요. 자녀 중심 가정예배란, 자녀가 돌아가며 사회를 맡고 자녀가 좋아하는 찬송을 부르며 자녀가 먼저 기도하고 엄마, 아빠는 맨 나중에 자녀를 위해 축복기도를 하는 예배를 가리킵니다. 찬송 시간에는 부모가 어린 자녀와 함께 율동도 하고 손뼉을 치기도 하지요.

물론 토요일이나 주일에는 아빠가 설교하는 가정도 있습니다. 예배는 아침에 정해진 시간에 잠자리에서 일어나자마자 드리는 가정도 있으나 잠자리에 들기 전 드리는 경우가 더 많은 것 같습니다.

예배는 즐거운 마음과 경건하고 진정한 자세로 드리도록 노력하고 있습니다. 어린 자녀와 함께 찬송 시간에 서서 율동도 하고 손뼉을 치기도 합니다. 자녀가 경건의 습관을 갖추도록 예배드리기 전에 얼굴과 손발을 깨끗이 씻게 합니다. 이렇게 훈련된 자녀는 항상 하나님을 사랑하고 경배하는 믿음을 갖게 되며 무슨 일이든지 기도로 시작하고 기도로 행하는 것이 체질화 되기 마련입니다.

날마다 엄마와 함께 다섯 살 형아와 예배드리는 세 살 온유의 기도를 담은 백은실 집사님의 일기를 소개합니다. 특히 주목할 것은 자녀가 어릴수록 부모의 평소 기도를 그대로 본받게 된다는 것입니다.

하나님의 새로운 성품을 찬양하는 온유

아이 아빠가 사역하러 평택에 내려간 터라 두 형제님과 오붓하게 예배를 드렸다. 신 나게 비전맘송, 꿈나무송을 부르고 조이 형제의 기도로 예배를 시작했다. 다 같이 이사야서 43장 1절 말씀을 암송하려는데 갑자기 온유가 손잡고 하자고 말한다.

"엄마~ 손잡아~ 엉아~ 손잡아~."

그래서 손에 손을 마주 잡고 서로의 얼굴을 보고 웃으며 암송했다.

온유가 먼저 시편 23편 1절부터 4절까지 말씀을 선포하고 조이가 요한복음 1장 1절부터 18절의 말씀과 NIV영어성경으로 된 시편 23편과 1편, 주기도문을 선포했다. 그리고 다음 날 있을 엄마의 간증 사역과 조이 형제의 말씀 선포를 위해 함께 중보기도를 하고, 조이가 마무리 기도를 했다.

하나님께 영광을 올려드리려는데 온유가 입을 열었다.

"엄마~ 내가 먼저 하께(할게)~."

"온유가 먼저 할 거야? 어떤 하나님을 찬양할 거예요?"

"발… 발 두신(주신) 하나님이요."

"발 주신 하나님을 찬양할 거야?"

"메(네)~."

형아 조이가 한마디 거든다.

"우아~ 온유가 오늘은 다른 하나님을 찬양하네? 온유야, 지구본 하나님, 안 해?"

"응, 발… 발 두신 하나님 할 거야."

"그래~ 온유에게 발을 주셔서 건강하게 걸어 다닐 수 있고 복음 전하라고 온유에게 두 발을 만들어주신 하나님을 찬양합니다!"

"아멘~."

조이가 신바람이 나서 외친다.

"생명을 주시고 마음을 주시는 하나님을 찬양합니다."

"아멘~!"

주기도문을 힘차게 부르고 난 다음, 하나님께 힘찬 박수로 영광을 올려드린 뒤 예배를 마쳤다. 한동안 '지구본 하나님'만 찬양했던 온유가 하나님의 새로운 성품을 찬양하기 시작했다.

'다음에는 어떤 하나님의 성품을 찬양드릴까?'

살짝 기대된다. 어릴 때부터 나의 하나님을 알아간다는 것에 대해…. 그리고 그 이름을 높여 찬양드릴 때 누구보다 함박웃음으로 아이들을 지켜보시며 기뻐하실 주님의 모습을 그려본다.

'모든 영광, 주님 홀로 받으소서. 할렐루야!'

말씀묵상과
함께하는 하루

　자녀에게 말씀을 암송시킨다는 것은 쉬운 일이 아닙니다. 특히 열 살을 넘은 어린이는 엄마 말에 순종하여 고분고분 말씀을 암송하기보다 이렇게 저렇게 그것을 피하는 경우가 많습니다. 따라서 가급적 열 살 이전에 말씀을 암송시킬 것을 권면합니다.

　철없는 어린이도 말씀암송을 지속적으로 하다 보면 말씀의 뜻을 새로이 깨닫고 암송한 말씀을 큐티 하면서 자신이 잘못 생각했거나 잘못 행동했던 것을 회개하고 결단하며 돌아서게 됩니다. 말씀암송의 유익은 우리가 생각할 수 없을 정도로 크답니다.

　물론 중학생과 고등학생, 심지어 대학생이 되어서도 평소에 부모님 말씀에 순종을 잘하는 자녀들은 엄마의 가르침을 잘 받아들이기도 합니다. 그러나 날이 갈수록 어린이들이 사춘기의 특성으로 나타나는 반항과 불순종의 태도를 보이고 있는 것 또한 사실입니다.

　제5기 303비전꿈나무으뜸모범생이 된 열한 살의 모성민(해돋는교회의 민순옥 집사님 아들) 군은 223절을 암송할 뿐 아니라 암송한 말씀을 토대로 큐티를 하며 일기를 쓰고 있습니다.

묵상으로 다지는 말씀암송

말씀묵상 : 마태복음 5장 5절 2009년 3월 31일

　석 달째 암송예배를 드리고 있다. 온유한 자는 복이 있고 그런 사람은 땅을 기업으로 받을 것이라 한다. 그래서 온유해져야겠다는 생각이 든다. 기분이 나쁘고 화가 나도 온유한 마음을 품어 새 기업을 얻어야겠다. 온유하지 못해서 동생들과 다투기도 했지만 정말로 온유해지도록 노력해야겠다.

말씀묵상 : 이사야서 1장 18절부터 20절 2009년 4월 1일

　내가 하나님의 말씀에 순종하면 땅의 아름다운 소산을 먹을 수 있다고 한다. 반대로 하나님의 말씀을 거절하고 그에 배반하면 칼에 삼켜진다고 한다. 하나님의 말씀에 순종하며 살아야겠다. 그래서 복을 받아 땅의 소산을 먹어야겠다. 하나님과 부모님께 또 주변의 어른들께 순종해서 이사야서 1장 19절 말씀처럼 복을 받아야겠다.

말씀묵상 : 마태복음 5장 14절부터 16절 2009년 4월 3일

세상의 빛이 되면 산 위의 동네처럼 숨겨지지 않을 것이다. 사람이 등불을 켜서 등경 위에 두면 이것이 모든 집 안 사람들에게 비친다. 이처럼 나의 빛을 사람에게 비치게 해서 착한 행실을 보이면 하나님께 영광을 돌릴 수 있다.

오늘 묵상한 말씀을 통해 나는 우리 집 장자이고 예수님을 믿는 사람이기 때문에 나의 행실을 사람들에게 비추어야 한다는 것을 깨달았다. 그렇게 하면 동생들이 보고 배울 수 있을 것이다. 그리고 안 믿는 사람들도 그런 나를 보고 예수님을 믿을 것이다. 나의 행실이 다른 사람들에게 비치게 해서 예수님을 믿게 하고 하나님께 영광을 돌려야겠다.

말씀묵상 : 마태복음 7장 1절부터 5절 2009년 4월 9일

비판을 받고 싶지 않거든 비판하지 말아야 한다. 만약 내가 다른 사람을 비판하면 오히려 내가 비판을 받고, 내가 다른 사람을 헤아리면 오히려 내가 헤아림을 받는다. 만약 다른 사람의 눈 속에 있는 티를 보고 내가 빼주겠다고 하면 그만큼 부끄러운 일이 없을 것이다. 왜냐하면 나 자신의 눈에 들보가 있기 때문이다.

나는 이 말씀을 묵상하면서 내 주변 사람을 '어떻게 판단할까?'라고 생각했던 것에 대해 회개했다. 도리어 내가 판단을 당하지 않았는가. 이제부터는 다른 사람을 비판하지 말아야겠다.

말씀묵상: 마태복음 7장 12절 2009년 4월 12일

"그러므로 무엇이든지 남에게 대접을 받고자 하는 대로 너희도 남을 대접하라. 이것이 율법이요 선지자니라."

오늘 말씀을 보면서 다른 사람에게 대접을 받고 싶은 대로 먼저 대접하는 것이 율법임을 알게 되었다. 동생들에게 대접을 받고 싶을 때 내가 먼저 동생들을 대접해야겠다. 하나님의 말씀을 잘 지켜서 동생들과 더 잘 지낼 수 있도록 하겠다.

가족이 하나 되는
말씀암송

나는 겨울이 오면 젊었을 때 읽은 한 이야기가 떠오릅니다.

"크리스마스가 다가오면 우리 부부는 멀리서 찾아올 아들 내외와 손자손녀들을 만날 소망으로 지낸답니다."

얼마나 쓸쓸한 노후일까요? 삼 대가 한 지붕 아래 사는 가정이 많았던 시절에 읽었기 때문인지도 모르지만 바쁘게 생활하며 넓은 땅에서 흩어져 산다 해도 1년 내내 떨어져 살다가 겨우 크리스마스 때에나 부모님을 찾아뵙는다는 것이 전혀 이해되지 않았습니다. 그러나 어쩌다 보니, 우리나라 역시 이 대도 서로 만나기 힘든 시대에 접어들게 되었습니다. 뿐만 아니라 함께 사는 부부와 어린 자녀 사이에도 따뜻한 정이 깃든 대화를 나누는 가정이 드물어진 듯합니다.

아빠는 직장에서의 소임을 다하기 위해 새벽부터 밤까지 동분서주하다가 늦게야 집으로 돌아옵니다. 그때 즈음이면 정작 자녀는 잠이 들었거나 과외공부로 집에 오지 못한 상태이지요. 결국 아빠는 대충 씻기만 한 채 피곤에 지쳐서 아내와 대화를 나눌 새도 없이 잠 속으로 빠져들고 맙니다. 아빠와 자녀 간에는 이 같은 형태로 대화의 부재를 겪거니와 더욱 안타까운 것은 엄마와 자녀 간에도 가슴에서 우러나오는 사랑의 교감이 없이 서로의 사랑이 메마르는 가정이 늘고 있다는 사실입니다.

따뜻한 정을 나누는 가족 사랑이 아쉬운 때이니만큼 말씀암송으로 엄마, 아빠, 자녀들이 행복해진 가정 이야기가 들릴 때마다 얼마나 기쁜지 모릅니다.

호산나교회의 임서윤 집사님과 딸 박지민(9세) 양의 일기를 함께 나눠 봅니다.

아, 하나님의 은혜로! 2010년 11월 10일

하나님, 감사합니다. 못 외우고 안 외워져서 스스로를 책망하게 될 줄 알았는데, 1주차에 이어 2주차의 말씀도 익숙해서 그런지 비교적 무난히 암송하게 되었습니다. 사실 중얼중얼 목이 아프도록 외웠지만 말입니다. 하니비 암송법의 맛을 알고 나니 얼마나 좋은지요. 큰딸 지민이와 아들 희민(7세)이에게도 이어 칭찬 스티커와 초콜릿을 상으로 주면서 외우도록 격려하고 있습니다. 지난주엔 3절까지, 어제부터 오늘 밤 사이에는 8절까지 도전해보았네요.

전날 여운학 장로님의 '말씀암송 가정예배'에 대한 강의를 듣고 우리

가정에 적용하리라 다짐도 했는데, 제 자신의 분주함을 이유로 우선 두 자녀와 함께 암송만으로 15~20분 정도 예배를 드렸습니다.

엠마오교회 한창수 목사님이 차트를 사용하신다고 해서 강의를 듣고 오자마자 스케치북에 예쁜 색연필과 사인펜으로 고린도전서 13장을 써 넣었습니다. 글씨가 크니까 저도 보기 좋고 한 번 더 써보게 되니 좋고 아이들도 좋아하니 암송이 더 신 나지 않겠습니까?

큰 아이 지민이는 아홉 살 된 예쁜 공주입니다. 다섯 살 겨울부터 일곱 살 여름까지 아토피를 심하게 앓아서 마음에 입은 상처도 크지만, 요즘 들어 많이 좋아졌기에 깨끗한 얼굴로 웃으면서 "정말 좋아요, 엄마. 그때는 어떻게 참았는지 모르겠어요"라고 말하며 하나님께 감사를 드린답니다. 하지만 여전히 잠들 때까지는 가려워서 벅벅 긁어대지요. 그랬던 아이가 어젯밤에는 "엄마, 암송하다 자니까 안 가렵네요"라고 말하며 편히 잠드는 것이었습니다.

하나님께서는 아이의 입술을 통해 저를 지지해주시고 격려해주시네요. 마음은 성급하여 모범생까지 달려가지만 올해까지는 애써서 47절까지 도전시키려고 합니다. 말씀암송의 단맛을 봐야 하니까요.

막 암송을 시작한 풋내기 암송 집사는 이와 같은 결심을 해봅니다.

1. 아이들에게 칭찬과 격려를 아끼지 말자.

2. 바른 자세와 몸가짐으로 암송하도록 가르치자.

3. 엄마가 100절 암송하고 두 녀석이 47절 암송하면 303양초 꽂고 암송파티를 열자.

상상만으로도 정말로 기쁜 파티를 떠올리자 벌써부터 마음이 설렙니다. 자녀에게 부지런히 가르치기에 앞서, 내 마음에 하나님의 말씀을 새길 수 있도록 힘을 모으겠습니다.

하나님의 말씀을 암송하는 기쁨이여! 하나님께서 주신 선물이요 은혜입니다.

잠들기 전 꼭 한 번! 행복한 암송시간 2010년 11월 11일

엄마가 고린도전서 13장을 외운 만큼 두 아이의 생활에 바로 적용했습니다. 두 살 터울의 남매가 아옹다옹할 때 무심한 듯이 "사랑은 오래 참고" 하면, 아이들이 동시에 "사랑은 온유하며 시기하지 아니하며"라고 답합니다. 그러고는 함께 낄낄거립니다. 교회에서 하는 성경말씀 챈트(chant) 대회가 있기 때문에 가끔 암송을 하긴 했지만, 매일 시간을 떼어두고 할 엄두는 못 내고 있었습니다.

지난주부터 이번 주에 들어서는 매일매일 짧으면 15분, 길면 한 시간까지 암송시간을 가졌습니다. 생각처럼 느리지도 기대처럼 빠르지도 않지만, 어설픈 손가락 꼽기를 병행하며 우리만의 동작도 만들었습니다. 그러면서 또 낄낄댑니다.

하지만 고린도전서 13장 11,12절 말씀에서 자꾸 막힙니다. 반복시키는데도 잘 안 외워지나 봅니다.

결국 일곱 살짜리 아들 녀석은 글썽글썽 눈물을 보입니다. 괜찮다고 하는데도 잘 안 되니까 속상한 듯합니다. 암송할 때 태도가 좋고 끝까지 함께하면 보너스를 줍니다. 아토피라고 금기시했던 초콜릿이나 사탕을 주는 거지요. 그럴 때면 아이들의 눈이 반짝거립니다.

아들 녀석은 혹시나 초콜릿 상을 못 받을까 봐 조급해진 모양입니다. 힘들면 암송 안 하고 방으로 들어가도 된다고 해도 기어코 끝까지 하겠답니다. 아들 녀석과 큰딸 아이는 엄마의 100절 암송파티에 꼭 함께하고 싶어 하기 때문에 작은 고비를 잘 넘기리라 믿습니다. 그리고 하나님께서 암송시간이 지속될 수 있도록 다른 것들에 의해 방해받지 않게 지켜주실 줄 믿습니다.

빼빼로 데이라고 받아온 커다란 빼빼로 한 개씩을 상으로 골라놓은 남매는 엄마의 축복기도를 들으며 달콤한 잠에 빠져듭니다.

교회 가는 길, 차 안 테스트 2010년 11월 14일

주일 아침이면 작은 소동이 일어납니다. 세수하고 밥 먹고 옷을 입는 우리 마음은 분주함으로 가득하지요. 남편은 유치부 멀티 팀에서 섬기는데, 영상이나 컴퓨터, 음향 등을 맡기 때문에 시간을 생명처럼 여깁니다. 그래서 저도 미리미리 준비한다고 하지만 늘 5~10분씩 기다리게 해서 남편이 가속페달을 밟고 말지요. 다른 분들보다 20분 정도 일찍 가는 편이지만 남편은 지각인 셈입니다. 준비를 많이 해야 하나 봐요.

오늘도 애들을 챙기고 딸 친구 챙기고 간식을 챙기고 하다 보니 결국 남편을 기다리게 하고 말았습니다. 옆모습을 보니 화를 참고 있더군요. 어떻게 풀어줄까 하다가 아이들과 말씀암송을 하고 큰아이에게 한 번,

작은아이에게 한 번, 각각 엄마의 숙제검사를 해달라고 했습니다. 그러고 나서 고린도전서 13장부터 외우는데 남편이 입속말로 몇 구절을 외우고 있더라고요.

아이들은 엄마의 숙제검사를 한다고 신 나 있고, 남편은 몇 구절 함께 외는 사이에 마음이 풀어졌습니다. 암송을 마치자 딸아이의 말이 딱 선생님답습니다.

"엄마, 수고하셨어요. 참 잘하시네요. 진짜 잘했어요!"

몇 번 더듬고 빼먹기도 했는데 칭찬을 듣고 보니 얼마나 기뻤는지요. 그런데 정작 엄마는 아들딸을 향해 그렇게 칭찬하지 못한 것 같네요. 딸에게서 배운 칭찬하는 지혜를 오늘 당장 적용해야겠다고 단단히 마음먹습니다. 자녀로 인해 나 자신을 다시 추스르며 힘을 얻습니다. 더불어 사랑하는 딸 지민이와 주고받은 짤막한 편지를 올립니다.

사랑하는 엄마께

엄마, 저 지민이에요.

고린도전서 13장 1절부터 13절을 외울 때 쉽기도 하고 어렵기도 했어요.

하지만 엄마를 생각하며 열심히 했어요.

요즘 열심히 암송하는 엄마의 모습이 참 보기 좋아요.

앞으로도 열심히 하세요. 저도 엄마를 닮아가겠습니다.

아자아자! 파이팅!

_사랑하는 딸 지민 올림

햇살 같은 지민에게

고마워! 어쩌면 이렇게 칭찬과 격려를 잘하니? 열심히 할게.

그리고 생활에서도 적용하는 엄마가 되도록 노력할게.

성령님이 우리 가족 모두를 도우시고 지혜를 주실 줄 믿는다.

_사랑하는 엄마가

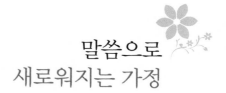

말씀으로
새로워지는 가정

흔히 큰 소리로 야단 한번 치지 않고 자녀를 키우는 엄마는 없다고 말합니다. 그 말이 맞아 보이는 경우가 더 많았던 것은 사실입니다. 그러나 이제는 기독교 가정이 달라지고 있습니다. 유니게 과정 교육을 받고 순종하여 말씀암송과 가정예배를 드리는 가정마다 "요즘은 야단치는 소리보다 즐거운 대화와 칭찬으로 넘쳐난다"고 보고합니다.

유니게 과정 38기 1단계를 훈련 중인 한성교회의 최은경 집사님은 교육을 받은 첫날 이후 일주일간 아들 태현(6세)이와 암송예배를 드렸습니다.

아이를 행복케 하는 말씀암송 2009년 9월 1일

오늘 첫 교육을 받고 와서 밤에 태현이와 마주 보며 찬양할 때만 해도 너무 쑥스러웠다. 태현이는 찬양은 하지 않고 눈만 깜빡거리며 엄마만 쳐다보고 있었다. 기도문 읽는 데 시간이 오래 걸리기는 했으나 끝까지 마쳤다. 생각했던 것보다 태현이는 암송을 잘했다. 2절까지만 하자고 했더니, 끝까지 해야 한다면서 도리어 왜 마치냐고 물었다.

"하나님의 은혜에 감사드리며 암송하니까 행복해요."

태현이의 말을 듣고 나는 기쁨과 감동에 젖었다.

'모든 영광을 주께 올려드립니다. 하나님의 아들 태현이를 말씀으로 양육케 하신 주님, 정말 감사, 감사드립니다. 할렐루야!'

사랑스러운 나의 암송 선생님 2009년 9월 2일

말씀암송을 할 때 틀린 부분을 바로잡아주는 태현이는 나의 암송 선생님이다. 1절부터 3절까지 틀린 부분을 고쳐주며 환하게 웃는다. 나는 그림으로 암송일기를 표현하는 태현이의 말에 감동받았다.

"엄마와 말씀암송 하면서 가슴으로 사랑을 그리는 거예요."

오늘은 '말씀이 좋다'를 쓰고 싶으니 글씨를 가르쳐달라고 해서 흰 종이에 써줬더니, 그대로 일기장에 옮겨 적는다.

'귀하고 복된 태현이를 우리 가정에 보내주신 주님, 감사드립니다. 할렐루야!'

하나님이 원하시는 사람 될래요 2009년 9월 3일

말씀암송 할 때 동작까지 같이하니까, 태현이가 더 재미있어한다. 고린도전서 13장 5절에서 "성내지 아니하며" 할 때는 큰 소리로 웃기까지 했다. 5절까지의 말씀 "온유하며 성내지 아니하며 악한 것을 생각하지 아니하며" 하다가 갑자기 "엄마, 우리 약속해요" 하고 말한다. 그리고 이런 사람 되게 해달라고 기도까지 한다. 글씨 쓸 곳이 부족하다고 "성내지 아니하며"까지만 쓰고 나서, 아멘!

아직은 어린이 방송을 시청하는 시간이 더 많다. 그래서 내일부터는 암송 한 시간, 텔레비전 시청 한 시간으로 약속했다. 태현이가 매일 성경을 세 장씩 암송하면서 말씀을 선포하지만, 시간의 십일조를 드리기에는 아직 많이 부족하다. 제사장으로 올려드리겠다고 서원기도를 드렸으니, 그 서원을 이루기 위해 말씀암송으로 한 발자국 앞서 나아가자.

'오늘도 주께 감사드리며 찬양을 드립니다. 사랑해요, 주님!'

동생을 품은 아이 2009년 9월 5일

태현이가 "자기의 유익을 구하지 아니하며"를 쓰고 싶다기에 그게 무슨 뜻이냐고 물었더니, "나누어주는 것"이라고 했다. 그야말로 주님이 주시는 지혜가 가득가득! 동생이 태어날 것을 비밀로 하고 아직 말하지 않았는데도 태현이는 동생이 태어날 것을 굳게 믿고 있다. 작년에 유산되었을 때 태현이가 많이 울었는데, 하나님께서 태현이의 기도를 들으시고 태의 열매를 맺어주셨다고 생각한다.

다음 주에 심장 소리를 듣고 태현이에게 말하려고 했는데 영이 맑아서 그런지 아기를 그리고 싶다며 그림을 그렸다. 동생이 태어나면 어린이집에도 데려가고 잘 돌봐주고 장난감도 다 주겠단다. 태현이의 예쁜 마음이 말씀을 통해 태아에게 잘 전달되어 온유한 성품의 아기가 태어나길 기대한다.

말씀암송이 주는 선물 2009년 9월 7일

암송예배 때마다 사회를 보겠다는 태현이. 암송예배를 마치면 암송일기를 먼저 쓰겠다고 한다.

"오늘은 8절까지의 모든 말씀을 쓰고 싶어요."

고린도전서 13장 말씀을 뽑아주니 너무 많다고 놀라면서 5절 말씀 첫 줄만 쓰겠단다.

"엄마 말씀 잘 듣고 나누는 거죠?"

이렇게 말하며 뜻까지 해석한다. 혼내면서 꾸짖기보다는 내가 먼저 말씀암송 하면서 태현이를 대하니까, 아이 또한 말씀에 순종하겠다면서 바로 말을 듣는다.

말씀을 통해 변해가는 나와 태현이. 태중의 아이도 말씀으로 성장하고 나아가 남편까지 변화되어 참 하나님을 만나는 날이 속히 오기를 기도드린다.

자녀의 지혜는
말씀암송으로 열린다

실로 불가사의한 일들이 나타나고 있습니다. 참으로 신기하고 놀라울 뿐입니다. 대여섯 살부터 일고여덟 살의 자녀는 부모가 볼 때는 천방지축 철부지 어린아이에 지나지 않습니다. 그런데 이 어린 자녀들에게 말씀이 들어가면 부모도 생각하지 못하는 경지까지 지혜의 문이 열리게 되지요.

오히려 엄마, 아빠가 미처 생각하지도 못했던 질문을 한 다음에 스스로 답하기도 합니다. 창세기에서 노아의 홍수를 배우던 다섯 살의 조이 형제는 "엄마, 하나님은 나쁜 사람인 것 같아요"라고 말했다지요. 왜 그런 생각을 했느냐고 엄마가 묻자, "노아와 그 가족만 살리고 나머지 다른 사람들은 다 죽었잖아요?"라고 했답니다. 실로 기발한 생각이 아닐 수 없지요. 이미 생각이 굳어버린 우리는 순종한 노아와 그 가족만 생각하기 쉬운데 말입니다. 순종하지 않아서 죽음을 맞을 수밖에 없었지만, 아이는 귀하디 귀한 생명을 먼저 생각했던 것이지요.

기쁨의교회에 출석하는 만 여섯 살 성민이의 엄마 전영희 성도님은 다음과 같은 일기를 썼습니다.

말씀암송으로 사랑을 실천할 거예요 2009년 11월 12일

오늘 성민이가 암송예배를 드리다가 갑자기 암송노트에 질문을 적어 왔다. 11월 중순에 암송 모범생을 선발하기에 다시금 복습하고 있는데, 고린도전서 13장을 암송하면서 암송이 재미있다고 감탄한다.

"엄마, 암송이 왜 이리 재미있어요?"

"말씀의 칼을 가지고 계속 다듬어서 하나님의 군사가 되기 위해 열심히 연습하니까 재미있나 보다."

"엄마, 그러면 말씀이 성령의 검이에요?"

그러자 갑자기 비약시켜서 "서로 사랑하고 말씀을 실천해야겠어요" 하고 결론을 맺으며 다짐한다. 귀여운 성민이. 하는 짓이 얼마나 귀엽고 사랑스러운지 볼에다 뽀뽀해주었다. 이제야 아기 티를 좀 벗고 어린이 가 된 듯하다.

말씀이 아이들을 이끄는 걸 오늘도 경험한다. 고린도전서 13장을 암 송하고 나서 또 다른 질문을 도화지에 적어왔다.

"그런데 사랑은 어떻게 하는 거예요?"

성민이가 그 아래에 번호를 죽 달면서 적는다. 누가 시킨 것도 아닌데

자기가 질문하고 답하고 혼자 다 한다. 처음의 1번은 엄마가 배려해주는 것 아니냐고 물었더니 곰곰 생각해본 다음에 자기 수준에서 죽 써내려 간다.

1. 참고 배려하기
2. 어떤 사람이 죄에 빠질 때 믿음으로 인도하기
3. 은민이한테 책 읽어주기, 머리 쓰다듬어주기, 괴롭히지 않기
4. 복음을 실천해서 하나님을 믿게 하기
5. 형아랑 싸우지 않기. 서로 잘하면 스티커 붙여주기(질문-왜 형아랑 싸우는 걸까?)
6. 서로 상냥하게 말해주기
7. 서로 기도해주기
8. 엄마, 아빠 말 잘 들어주기. 한마디로 순종!
9. 다른 친구가 놀려도 견뎌내기
10. 떼쓰지 않기

하나하나 써가다가 막히면 고린도전서 13장을 암송해보더니 생각난 것을 적는다. 옆에서 보고 있자니 어찌나 신기한지. 2번이나 4번은 어찌 생각했는지 기특하기만 하다. 성민이랑 암송하다가 흐뭇해서 일기를 바로 올려본다.

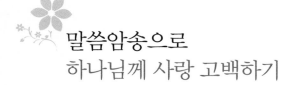

말씀암송으로
하나님께 사랑 고백하기

"하나님 아버지와 독생자 예수 그리스도와 성령님을 믿습니다."

이를 신앙고백이라 할 수 있다면 "하나님이 참 좋아서 그 말씀을 주야로 암송 묵상합니다"라는 말은 사랑 고백이라 할 수 있지 않을까요? 사랑하면 더 가까이하고 싶고 떨어지고 싶지 않다는 생각이 듭니다.

하나님을 사랑하는 사람은 하나님의 말씀이신 성경을 늘 끼고 삽니다. 성경을 읽고 성경공부를 하고 암송하고 묵상하기를 삶의 우선순위로 삼습니다. 특히 은혜 되는 말씀을 먹기 좋아하고 수시로 중얼중얼 암송하기를 즐깁니다. 평생 신앙생활을 한다고 하면서도 늘 근심 걱정을 안고 살던 분들이 암송 묵상의 참 기쁨을 맛보면 마음의 하늘 문이 활짝 열리고 성령 충만을 입어 영안이 환하게 밝아져서 이 땅에서 천국을 살아가게 되는 것이지요.

어른이나 아이나 정도의 차이는 있을지 몰라도 이 기쁨을 누리는 것은 마찬가지라 할 수 있습니다.

진미선 사모님은 유니게 과정에 등록한 지 1년도 안 되어 유초등부 삼 남매를 303비전꿈나무모범생으로 양육하였거니와 자녀와 날마다 암송가정예배를 드리며 하나님의 은혜를 나누고 있습니다.

엄마, 우리 오늘 예배 안 드렸잖아요? 2010년 1월 11일

저녁때쯤 하임이 태도가 별로 안 좋아 얘기를 했다.

"하임아, 왜 태도가 별로니? 하임이 마음에 안 좋은 게 있나 봐?"

하임이가 울먹이며 말했다.

"엄마, 우리 오늘 예배 안 드렸잖아요."

그러고는 울음을 터뜨렸다. 난 아차, 싶었다. 오늘 분주한 일이 많아서 암송예배를 깜박한 것이다. 괜히 아이들만 야단친 게 미안했다. 결국 잠잘 준비를 마치고 모여 앉아 예배를 드렸다. 바쁜 것을 핑계로 그냥 한 번 지나가려 했는데 아이들한테 딱 걸린 것이다.

하루라도 예배를 안 드리면 아이들 마음 자세가 흐트러지고, 이기심, 짜증이 올라와 아이들 사이에서도 불화가 있다. 성령의 법, 곧 말씀이 운행할 때 육체의 소욕이 다스려지는 건 애나 어른이나 똑같은가 보다.

하나님이 기뻐하시는 사랑 고백 2010년 1월 13일

새벽예배 말씀은 시편이었다.

또 여호와를 기뻐하라 그가 네 마음의 소원을 네게 이루어주시리로다 _시 37:4

주의 이름을 사랑하는 자들은 주를 즐거워하리이다 _시 5:11

암송만큼 하나님을 기뻐하고 즐거워할 수 있는 게 또 있을까? 난 암송할 때 하나님이 정말 좋고 마음이 기쁘다. 그 시간만큼은 내 생각의 주파수가 하나님께 고정되기 때문인 것 같다. 그래서 하나님께 고백했다.

'하나님, 제가 중얼중얼 암송할 때 하나님을 얼마나 기뻐하고 즐거워하는지 아시죠?'

그때 주님이 내 마음에 나의 중얼거리는 소리를 사랑 고백으로 여겨주신다는 말씀을 주셨다. 난 너무나 기쁘고 행복해서 펑펑 울었다. 하나님께서 나의 중얼거리는 소리를 즐거워하시고 기뻐하셨다니, 더구나 사랑 고백으로 인정해주신다니! 나는 정말 행복했다.

말씀이신 하나님이 내 안에, 내 입술에 계신다는 것 자체가 감동이고, 하나님이 나의 중얼거리는 소리를 사랑 고백으로 여겨주신다는 사실이 감동이었다. 하나님의 음성을 들은 이후 암송이 새로워졌다.

'하나님, 저 사랑 고백 시작해요. 들어주세요.'

내 마음의 소원은 말씀으로 온전히 가득 차서 나의 모든 편견과 지금까지 이어진 삶의 방식, 가치 체계가 완전히 새로워지는 것이다.

'하나님, 제 소원 들어주실 거죠?'

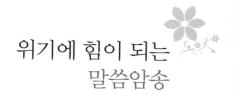

위기에 힘이 되는
말씀암송

누구나 평안할 때보다 위급할 때일수록 하나님을 간절히 찾게 됩니다. 평소에 말씀을 암송하고 있던 사람은 위급할 때 하나님께서 주신 약속의 말씀을 붙들고 간절한 마음으로 반복하여 암송하는 자신의 모습을 보게 됩니다. 이를테면 "여호와는 나의 목자시니 내게 부족함이 없으리로다(시 23:1)"를 다급하게 거듭 외치거나, "두려워하지 말라 내가 너와 함께함이라 놀라지 말라 나는 네 하나님이 됨이라(사 41:10a)"를 부르짖곤 합니다.

한편 암송한 말씀이 별로 없거나 말씀이 잘 떠오르지 않는 사람은 "주여, 주여"만 거듭하거나, "하나님, 살려주세요" 혹은 "하나님, 용서해 주세요"라고 울부짖으며 마음속으로 회개도 하고, "이 위기에서 건져주신다면 앞으로는 새로운 사람이 되어 성실하게 살아가겠습니다"라고 서원하기도 합니다.

하나님께서는 다급하게 울부짖는 성도들의 기도를 외면하시지 않는 줄 압니다. 하지만 그보다도 어린아이의 입에서 나오는 하나님의 말씀을 더 기쁘게 받아주실 것입니다. 시편에서 다윗은 이렇게 노래합니다.

주의 대적으로 말미암아
어린아이들과 젖먹이들의 입으로 권능을 세우심이여 _시 8:2

유니게 과정 42기 1단계를 수료한 네 자녀의 엄마, 서빙고 온누리교회에 출석하는 김지현 성도님의 암송일기를 소개합니다.

놀라우신 하나님 2010년 1월 26일

거리는 좀 되지만 같은 지역인 인천에서 성경암송학교가 열린다는 사실에 기뻐하며 개강 첫날을 맞이하던 기억이 떠오른다. 이제 갓 4개월을 넘긴 쌍둥이가 보채지는 않을까. 다른 사람에게 피해가 되는 건 아닐까. 설레고 즐거운 마음만큼이나 두렵고 떨리는 마음 또한 컸다.

하지만 암송교육 첫 시간에 여운학 장로님의 말씀을 들으며 위로와 격려를 받았다.

"우리는 하나님께서 맡겨주신 하나님의 자녀를 어린 시절부터 하나님의 말씀으로 잘 키우기 위해 엄마들이 먼저 말씀을 암송하는 훈련을 받으려고 여기에 모였습니다. 그러므로 혹시 어린아이들이 울거나 떠드는 일이 있다 해도 결코 상을 찌푸리거나 속상해해서는 안 됩니다. 아이의 엄마가 얼마나 미안해하고 있을지를 생각해주시기 바랍니다. 물론 우는 아이의 엄마는 조용히 아이를 데리고 지혜롭게 교실 밖으로 나가서 잘 달랜 후 들어오셔야 하겠지만요."

채민, 채은 그리고 우리 쌍둥이도 잘 견뎌줘서 아주 즐겁고 재미있게 강의를 들었다. 둘째 채은이가 태어난 지 4개월 되었을 무렵, 살던 곳 근처에서 유니게 과정이 있었는데 그때는 왜 이런 열망이 없었는지 모르겠다. 아쉽기는 하나 이제 와서 생각해보면 너무나도 인격적인 하나님께서 때를 기다려주셨다는 확신이 든다. 세상의 육아 방법에 관심이 가 있던 내게 말씀이 아닌 것으로는 안 된다는 깨달음도 주셨다가, 그사이 두 자녀를 더 허락하시고, 마침내 때가 이르매 남편과 나를 성경암송학교로 이끌어주셨다.

모든 것을 선한 길로 계획하시고 이루어주시는 하나님께 감사와 영광을 돌린다. 사실 나는 쌍둥이를 잉태하고 나서 임신 초기부터 유산의 증상이 보여 입원을 자주 했다. 조산의 위험을 넘겼을 때는 예방 차원에서 하루하루 누워서 지냈다.

27주 4일째 되던 날, 결국 응급으로 자궁경부를 묶는 수술을 했다. 수술실에 들어서고 수술하는 내내 시편 23편 1절부터 6절 말씀을 하나님의 인도하심을 바라는 마음으로 반복해서 암송했다. 태어나 처음 하는 수술이어서 태아를 살리는 비교적 간단한 수술인데도 두려운 마음이 앞섰다.

수술 후 병실로 옮겨 수술 경과를 기다리는데, 옆에서 놀던 채은이가 "태초에 하나님이 천지를 창조하시니라"(창 1:1)를 반복해서 암송했다. 32개월짜리 채은이의 입을 통해 나를 위로하시는 하나님!

'하나님께서 세상의 모든 것을 창조하셨는데, 우리 아기들도 창조하셨는데, 하나님의 장중에 있는 내가 무엇을 두려워하리요.'

감사의 눈물이 나왔다. 수술 경과는 무척 좋았고, 우리 쌍둥이는 만삭을 거의 다 채웠으며 나는 하나님의 은혜로 자연분만에 성공했다. 쌍둥이의 반수 이상이 조산이어서 인큐베이터에 들어간다고 하는데 우리 쌍둥이는 건강한 몸으로 태어났다.

말씀암송의 유익을 깨닫게 하시려고 주께서 친히 그간의 모든 과정을 겪게 하셨으리라. 나의 주께 감사를 드린다.

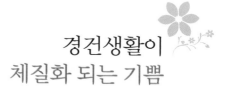

경건생활이 체질화 되는 기쁨

암송가정예배를 지속하면 경건의 체질화가 이루어집니다. 설령 중고 등부 학생이 될 때까지 암송교육과 암송가정예배를 모르고 자랐다 해도, 늦었다는 생각이 드는 그때를 출발의 기회로 삼아 남다른 각오로 새 출발 하면 불가능은 없을 것입니다.

신앙의 기성세대는 이 같은 복을 누리지 못하고 자랐기에 후세를 위해 부모 세대인 우리가 개척자의 사명을 감당하자는 것이 303비전의 기본정신입니다.

다만 우리 부모 세대는 자녀의 바람직한 양육을 위해 많은 것을 배워야 합니다. 그래서 아동발달심리와 교육상담심리 분야도 알아야 하지요. 그렇게 자녀를 가르치면서, 성경말씀을 암송 묵상하면서 자녀를 통해서도 배우고, 부모 스스로도 시행착오를 겪으며 배우게 됩니다.

자녀와 함께 즐겁게 가르치며 배우는 엄마의 일기를 소개합니다. 유니게 과정 45기 1단계 수강 중에 쓴 수서은혜교회 손소영 집사님(딸: 손은서 5세)의 일기입니다.

발전하는 암송가정예배 2010년 6월 11일

드디어 한 시간이 넘도록 가정예배를 드렸다. 보통 40~50분 정도 예배를 드렸는데, 마태복음은 양도 많고 내용도 어려워서 더 오래 드리게 되었다. 마태복음을 네 번 정도 따라 읽고, 고린도전서 13장부터 시편 100편까지 다시 한 번 암송하고 나니까 버겁다 싶은 생각도 들었지만 은서가 잘 따라해주어서 정말 고마웠다.

중간 중간 자기가 아는 글자가 나오면 읽어대느라, 몸 비틀며 왔다 갔다 하느라, 응가 하느라 잠깐씩 시간이 새기는 했지만 마다하지 않고 끝까지 잘해준 아이에게 꿀을 주기로 했다. 평소에는 사탕, 과자, 초콜릿, 아이스크림을 일절 주지 않기에 예배를 잘 드린 후에 아이에게 주는 꿀의 위력은 정말 대단하다.

그런데도 다시 외울 때면 영락없이 시편 100편에서 제일 오래 걸린다. "성실하심이 뭐야?"까지 물어야 끝이 나기에 설명해줄라치면 번번이 진땀을 뺀다. 그러면서도 또한 감사하다.

이번 주말에 아이 아빠까지 같이 예배드리는 게 기도제목이다. 그 시간을 향해 전진하자!

아빠와 함께한 암송가정예배 2010년 6월 19일

오늘 드디어 아이 아빠와 같이 암송예배를 드렸다. 화음을 넣어 엄마, 아빠가 찬양을 드리자 은서가 더 신 나 했다. 흥분한 나머지 가만있지를 못하고 들뜬 상태로 예배를 드리다가 아빠한테 주의를 듣고 조금 뾰로통해 있더니만 금세 풀린 후 외워서 기도를 한다. 놀라는 아이 아빠.

요한복음은 아이 아빠가 유난히 좋아하는 부분이라 대충 외운 아빠와 같이 암송하면서 참 즐거운 마음이 되었다. 얼마나 감사한지. 암송을 다 마친 후 은서, 엄마, 아빠의 순서로 마무리 기도를 하는데, 아빠의 축복기도로 은서와 나는 참 행복했다.

가정의 머리, 제사장인 아빠의 권위여. 감사 또 감사!

예배를 마치고 정리하다 보니 창문이 열려 있었다. 지나가는 사람들과 옆집 사람들에게도 전부 들렸을 걸 생각하니 더욱 자랑스러웠다. 같이 예배드리는 날이 날마다 더해지기를 소망하며 감사를 드린다.

예배를 사모하는 아이 2010년 6월 23일

"엄마, 예배부터 디리자(드리자)!"

은서의 외침으로 나는 "할렐루야"다. 저녁 시간에 예배를 드리려다 보니 자꾸 빼먹게 되어서, 아침 일찍 남편과 함께 먼저 식사하고 남편이 출근한 뒤에 아이를 깨워서 아침을 먹인 후에 암송예배를 드려왔다.

하지만 일어나자마자 밥을 먹게 할 수 없어서 조금 놀고 책을 보며 시간을 보내다가 아침을 먹고 예배를 드렸는데, 월요일 아침에는 아이가 일어나더니 "엄마, 예배부터 드리자!" 하는 것이었다.

얼마나 귀하고 기특한 제안인지 아이를 덥석 안아주었다. 예배를 드리고 아침을 먹으니, 밥 먹이기도 쉽고 오전 시간에 다른 일들도 할 수 있어서 정말 좋았다. 어떻게 그런 생각이 들었을까? 육(肉)의 양식 먹기 전에 영(靈)의 양식이라니. 이 안에 계시는 성령께서 주신 지혜라 생각되니 또한 기쁘지 아니한가?

날마다 자라나는 아이를 본다. 말씀 때문에 커가는 아이를 본다. 미운 다섯 살이란 말에 맞게 친구에게 샘내고 욕심내고 퉁명스레 대할 때마다 조용히 한 발 물러나며 말했다.

"사랑은 온유하며, 외웠잖아. 무례히 행하지 않는다고 외웠잖아. 부드럽게 양보도 하고 사이좋게 지내야지."

사실 타이르는 엄마보다야 다섯 살 딸아이 은서가 훨씬 낫다. 내 머릿속에서는 '양보해야지', '이해해야지' 하면서도 감정을 다스리지 못해 후회할 일과 말을 쌓아가지만, 아이는 엄마와 함께 암송한 말씀 한마디에 제 욕심을 내려놓는다.

'하나님, 감사합니다!'

오늘도 난 은서를 통해 배운다. 은서가 커감에 따라 나도 조금씩 미성숙함에서 벗어나는 엄마가 되리라고 기대와 소망을 품어본다.

슈퍼 신인류의
동생 돌보기

요즘의 내 삶은 감탄과 감격과 환희의 연속입니다. 매주 사흘이나 나흘씩 암송학교가 전국 각지에서 열리고 있는데, 여기에서 엄마를 따라온 어린 자녀들을 만날 때마다 많은 것을 새로이 느끼고 깨닫곤 합니다. 또한 엄마들의 암송일기를 통해 어린 자녀들이 생각하고 말하는 것과 엄마와 함께 암송예배 드리는 모습을 보노라면 너무도 감격스러워서 그 기특함에 입을 다물지 못할 지경입니다.

20개월이 약간 넘은 아이가 나를 매주 만나는 사이에 정이 들어서 사랑 가득한 눈빛을 보내주기도 하고, 또래들끼리 어울려 뛰어놀다가 내가 다가가면 방긋 웃으면서 부끄럽다는 듯 몸을 꼬는 아이도 있고, 덥석 나의 바지 자락을 붙들고 "장로님!" 하면서 안기기도 합니다. 무엇보다도 말씀암송태교로 준비된 슈퍼 신인류들의 출산 소식을 들을 때마다 얼마나 보람차고 반갑고 기쁜지 모릅니다.

백은실 집사님의 재미있는 일기를 소개합니다. 아우 사랑이 지극한 맏아들 조이는 여섯 살, 슈퍼 신인류 둘째 온유는 37개월, 역시 슈퍼 신인류 셋째 사랑이는 50일이 갓 지났을 때입니다.

우리 집 명물 온유

우리 집에 못 말리는 명물이 한 명 있다. 이름 하여 멋진 오빠, 일명 '멋진 짝은 오빠'다. 사랑이가 배 속에 있을 때부터 멋진 오빠가 되겠노라 노래를 부르던 온유. 아니나 다를까, 사랑이에게 자칭 '멋진 짝은 오빠' 호를 달고 산다.

얼마 전까지만 해도 이것저것 다양한 질문으로 하루를 보내던 온유가 요즘은 자기와 형아의 일거수일투족을 사랑이에게 말해주는 것으로 하루를 보낸다. 사랑이에게 찌찌를 먹이고 있노라면 "엄마, 사랑이한테 멋진 짝은 오빠가 옆에서 보고 있다고 이야기해야지요" 한다.

"사랑아~ 멋진 짝은 오빠가 옆에서 사랑이를 보고 있어."

내가 말하면, "아주 큰 오빠는 책 읽고 있다고 얘기해야지요"라고 보충설명을 하라고 한다.

결국 "아주 큰 오빠는 저기서 책 읽고 있어"라고 말해주어야 온유의 직성이 풀린다. 잠깐 사랑이를 지켜보다가 뭔가 다른 일을 하러 가려면 "엄마, 사랑이한테 멋진 짝은 오빠 저쪽으로 간다고 얘기해야지요"라고 말한다.

하여간 자기와 형아의 모든 동선이나 하고 있는 일들을 낱낱이 사랑이에게 말해주어야 한다. 덕분에 사랑이는 오빠들의 일거수일투족을 꿰고 있을 것 같다.

멋쟁이 온유

요즘은 온유가 어찌나 멋을 부리는지, 아침에 자고 일어나면 옷장 문을 열어 멋진 옷을 찾는다며 하나둘 들고 나와 "엄마, 이거 멋있어요? 안 멋있어요?" 하고 묻는다. 멋있다고 말하면 입고 있는 옷을 살며시 갈아입는다.

형아 옷이 멋져 보이면 입고 나와서 긴 소매를 접어달라고 하질 않나, 넥타이는 구석구석 어디서 그렇게 잘 찾아오는지 하루하루 돌아가면서 종류대로 매고 다닌다. 하루 종일 넥타이를 매고 심지어 잘 때도 매고 잘 뿐 아니라 아빠 넥타이가 멋있어 보이는 날은 그 넥타이를 하루 종일 제 목에 걸고 산다. 주일에는 교회를 가면서 머리끝부터 발끝까지 멋진지 안 멋진지 수십 번을 물어보고 "멋지다!" 소리를 들어야 직성이 풀리는 온유. 정말 가관이다.

온유를 하루 종일 지켜보면서 〈인간극장〉에 나오면 정말 재밌을 것 같다는 얘기를 했다. 슈퍼 신인류의 끼가 보인다. 개성도 강하고 쇼맨십도 많고 거기다 유머러스하고. 슈퍼맨이 되어 목에 망토를 매고 하루 종일 집 안을 날아다니질 않나, 어떤 날은 아빠의 아들 아니랄까 봐 지휘자가 되어 지휘를 하고 있고…. 내 아들이지만 참 재밌는 아이다.

잠깐 시간이 나서 컴퓨터를 보고 있노라면 "엄마, 사랑이 일어났어요. 울려고 그래요" 하고 알려주는데 "알았어. 엄마가 금방 갈게" 하고 잠깐 멈칫거리면 "이제 컴퓨터 그만 보고 사랑이한테 좀 가지 그래요" 하고 엄마에게 훈계한다. 어찌 이런 말을 37개월짜리가 할 수 있단 말인가. 매일매일 온유 덕분에 재미있는 하루를 보내고 있다.

한 사람 한 사람 특별하게 지으신 하나님의 섭리가 놀랍고 우리 집 명물인 멋진 '짝은 오빠' 온유를 하나님께서 어떻게 사용하실지 은근히 기대된다. 내일은 또 어떤 모습으로 기쁨을 선물할까. 또 얼마나 많은 일거수일투족을 사랑이에게 보고해주어야 할까.

어머니 생각

어머니의 이름은 사랑이다. 한국의 어머니는 따뜻한 정으로 모든 이의 가슴을 포근하게 한다. 텔레비전의 군부대 위문공연을 보면, 그 자리에 초대되어 나온 어머니와 그 아들 까까머리 이등병의 극적 상봉을 지켜보면서 수백 명의 젊은이들이 눈시울을 붉히고 뜨거운 그리움의 눈물을 흘린다. 나는 일흔이 훨씬 넘었음에도 해가 바뀌는 계절이 오면, 으레 어릴 적 어머니의 모습을 떠올린다.

초등학교도 들어가기 전의 일이다. 면 소재지라고는 하지만 충청북도 영동군 학산면 산골의 불과 50여 가구가 사는 동네에서 어떻게 자는지는 몰라도 낮이 되면 그 동네 신작로에 나타나는 떠돌이 지능장애 청년 거지 하나가 있었다. 동네 아이들이 "야, 이 바보야!" 하고 놀려대면 그는 히죽히죽 웃었고, 악동들은 돌을 집어 던지며 그를 괴롭히면서 즐겼다.

어느 날, 이 광경을 보신 어머니는 아이들을 향해 "너희들, 왜 착하고 불쌍한 사람을 못살게 구니?" 하면서 꾸짖으셨다. 그러자 이 젊은이가 갑자기 어머니를 향해 눈을 부릅뜨고 무어라 소리쳤다. 한편 아이들은 더 신 나게 그를 놀려댔고, 그는 더 큰 소리로 어머니에게 대들었다.

나는 그 우악스러운 거지가 어머니를 때리면 어쩌나 싶어 어머니 손을 붙잡고 울면서 빨리 집으로 가자고 졸라댔다. 지금에 와서 그 젊은이의 심리를 짚어보면, 그는 필경 우리 어머니가 자신을 꾸짖는 것으로 오해했든지 아니면 아이들과 재미있게 놀고 있는데 방해하는 것이라 생각했으리라. 그럼에도 어머니는 늘 그 젊은이를 감싸주셨다.

어처구니없는 일이지만, 순수한 선의를 오해하기도 하고 색안경을 끼고 잘못 받아들이기도 하며, 심지어 돌을 던지기도 하는 부조리한 사실이 인간 사회가 존재하는 한 이어질 것이다. 다만 한 가지 분명한 것은, 정신이 올바르지 못하거나 진리를 알지 못하는 사람들이 이런 일을 저지른다는 것이다.

당시 우리 앞집은 잘사는 집이었으나, 불행하게도 일찍이 안주인이 두 아이를 두고 세상을 떠났고, 새로 들어온 부인한테서 아들이 태어났다. 새엄마는 자기가 낳은 아들을 더 사랑하게 되었고, 전실 소생은 소외될 수밖에 없었다. 어느 날, 오늘의 붕어빵 같은 단팥 동그라미 빵을 굽는 동네 할머니 옆에 앉아서 군침을 삼키고 있는 두 어린 형제에게 어머니가 아무 말 없이 빵 한 봉지를 사주자 형은 그 빵 봉지를 가슴에 안고 동생은 형을 따라 얼마나 신바람 나게 뛰어가던지, 그 모습이 지금도 눈에 선하다.

그 후 그들이 자라서 중학생이 되었을 때도 그들 형제는 나에게 진심 어린 우정을 보이는 것을 느낄 수 있었다. 지금 그들이 어디서 무엇을 하는지 나는 모른다. 그러나 그들의 마음에 자리 한, 어릴 때 동네 아주머니한테 받은 따뜻한 사랑은 그들의 삶을 풍성히 하고 있으리라.

'어머니'라는 단어는 우리의 아련한 곳을 자극한다. 여든을 바라보는 백발이 성성한 나에게도 어머니의 존재는 든든한 버팀목과 같다. 우리 어머니는 광대뼈가 많이 튀어나와서 얼굴이 마치 모과처럼 울퉁불퉁 생겼음에도, 그 마음이 착하고 지혜롭다 하여 아버지는 어머니를 '우리 모개'란 애칭으로 부르셨다. 모양은 볼품없어도 약에도 쓰이고 그 향기가 좋은 귀한 과일이라는 뜻으로 그런 애칭을 붙이셨던 것 같다.

산골에 살면서도 부잣집 소리를 들었던 우리 집 긴 뜨락 끝부분에 내 키보다 더 큰 대형 옹기 두 개가 나란히 놓여 있었다. 가을이 되면 어머니는 그 큰 독 속에 말린 나락을 가득 채워놓았다. 춘궁기의 가난한 이웃들을 위한 구제미였다. 봄이 오면 양식이 다 떨어져서 굶기를 부자 샛밥 먹듯 하던 일제 말기였기에 가난한 이웃들에게 나누어주기 위한 것이었다.

어느 해 늦가을에 장마가 크게 난 후 날이 활짝 개었다. 어린 나는 어머니를 따라 장마로 무너진 동네 앞 제방 구경에 나섰다. 제방은 허물어졌고 자갈모래가 제방 안쪽의 황금 벼를 덮쳐버렸다. 가을 하늘 햇볕이 내리쬐는 가운데 착하기로 소문난 전 장로님(이름은 지금도 모르고 당시 동네 사람들이 그렇게 불렀다)이 장마가 휩쓸고 간 논에 쭈그리고 앉아서 자갈모래에 묻힌 누런 벼를 대여섯 포기씩 하나로 묶어 세우는 일을 하고 있었다.

"하나님도 무심하시지… 왜 하필 저 옆의 부잣집 논은 그대로 두고 장로님 논만 이렇게 쓸어버렸는지 모르겠네요."

어머니가 혼잣말처럼 하셨다. 그러자 장로님은 밝게 웃으며 대답했다.

"웬걸요. 저는 지금 하나님께 감사하며 이 일을 하고 있는데요. 첫째, 제 논은 비록 수해를 입었지만 다른 사람의 논을 잘 지켜주신 하나님께 감사하고요, 둘째로는 자갈모래를 살짝 덮어서 다시 일으켜 세울 수 있을 만큼 지켜주신 것을 감사하고 있는데요."

"감사할 것도 쌨지. 쯧쯧쯧!"

믿음이 없던 어머니는 전 장로님의 이해하기 힘든 말에 기가 막히다는 듯이 혀를 차셨다.

나는 처음 만난 사람과 성명을 나누며 악수하고 미처 손을 놓기도 전에 상대의 이름은 고사하고 성조차 까맣게 잊어버리는 건망증 환자다. 그럼에도 어렸을 때의 일을 조용히 돌이켜 생각하면, 〈대한뉴스〉 필름을 보듯 선명하게 떠오른다. 어머니의 삶을 통한 작은 선행과 전 장로님의 고난 중에서 하나님께 감사하는 모습을 보았던 그 일로 말미암아, 비록 어린 철부지였을지라도 평생 떠올리며 묵상하는 추억을 간직하게 하신 하나님께 늘 감사하며 산다.

비록 나의 어머니는 하나님에 대한 믿음은 없었을지라도, 나는 어려서부터 어머니의 삶에서 배운 것이 있다. 인간의 도리, 곧 가난한 이웃을 돕는 정신을 배웠다. 또한 불우한 어린이에게 작은 도움으로 그 아이들의 마음에 따뜻한 인정을 심어주는 모습도 나의 믿음생활에 큰 도움이 되었다. 더욱 시골 교회의 가난한 장로님의 범사에 감사하는 모습을 보고 배운 교훈은 나로 하여금 로마서 8장 28절 말씀과 데살로니가전서 5장 16절부터 18절 말씀을 금과옥조(金科玉條)로 삼고 살게 이끌어주었다.

우리에게는 차갑고 뛰어난 지성의 신앙인보다, 가슴 따스하고 사랑과 진실이 몸에 밴 그리스도인이 그립기만 하다.

*　*　*

끝으로 너희가 주 안에서와

그 힘의 능력으로 강건하여지고

마귀의 간계를 능히 대적하기 위하여

하나님의 전신 갑주를 입으라 _엡6:10,11

Finally, be strong in the Lord

and in his mighty power.

Put on the full armor of God

so that you can take your stand

against the devil's schemes. _Ephesians 6:10,11

3부

자녀의 신앙은
말씀암송으로 단단해진다

개구쟁이 아들의 변화에
놀란 엄마

　지난 10년간 나는 유니게 과정을 통해 엄마들에게 말씀암송을 하니비 암송법으로 가르쳐왔습니다. 그 엄마들로 하여금 어린 자녀에게 암송교육을 쉽고 재미있게 가르치는 일과 경건하면서 즐겁게 날마다 자녀 중심의 가정예배를 드리도록 함으로써 우리의 소망인 꿈나무들에게 말씀암송과 예배의 삶을 체질화시키는 교육을 시도해왔습니다.

　경험상, 남아든 여아든 5~7세까지의 자녀들이 엄마의 말씀에 순종을 잘할 뿐 아니라 암송 능력도 뛰어나고, 말씀을 진리로 받아들이는 자세가 놀랍도록 순수함을 알게 되었습니다.

　가정환경에 따라서 그 정도의 차이는 깜짝 놀랄 만큼 크다는 것을 발견하면서 절감하게 되는 것은 가정교육의 중요성입니다. 엄마, 아빠가 둘 다 신앙심이 깊고 신행일치의 본을 보이는 가정의 자녀와 그렇지 못한 가정의 자녀는 그 생각과 말씨와 품행과 교우관계에 있어서 그 모습 하나하나가 두드러지게 차이 납니다. 물론 나이가 들수록 그 차이가 더 심하게 나타나겠지만, 말씀암송태교부터 시작하여 어려서부터 말씀암 송교육과 순종 훈련과 자녀 중심 가정예배를 체질화시키는 일이 중요함 을 더욱 절실히 느끼게 됩니다.

유니게 과정 40기 1단계를 수료한 일암교회의 박서원 사모님(부군: 이 재국 목사) 역시 자녀에게 말씀암송을 가르치며 웃기도 하고 울기도 했 지요.

울고 웃는 말씀 암송 2010년 3월 15일

승호(7세)가 선교원에서 사탕을 가져왔다. 승호 반의 한 남자애가 몸 집이 큰 여자애한테 '뚱땡이'라고 놀렸던 것을 뉘우치고 사과의 뜻으로 사탕 한 봉지를 가져왔고, 여자애는 사탕을 반 친구들에게 나누어준 것 이다.

"나도 그 애가 뚱뚱하다고 생각했지만 그렇게 말하지 않았어."

"왜? 승호는 왜 그렇게 말하지 않았니?"

"내가 듣기 싫어하는 말이니까. 은혜가 엄마한테 '대머리 빡빡이'라 고 했을 때 엄마가, 뭐였더라, 성경말씀 해줬잖아."

"그러므로 무엇이든지 남에게 대접을 받고자 하는 대로 너희도 남을 대접하라, 이 말씀? 이 말씀 때문에 뚱땡이라고 안 한 거야?"

"응, 맞아. 그 말씀에서 내가 듣기 싫은 말은 남에게 안 하는 거라고 엄마가 그랬잖아. 그래서 나는 뚱땡이라고 안 했어."

나는 승호에게 친구를 배려해줘서 참 멋지다고 칭찬해주었다. 무척 개구지고 짓궂기까지 한 승호가 말씀을 받아들여서 남을 배려한 것이 너무나도 놀랍고 감동적이었다. 예전 같으면 그 남자애와 함께 놀렸을 승호인데…. 눈물 날 만큼 감동적이었다. 점차 변화해가는 우리 승호. 주의 말씀과 교양으로 양육하라는 것이 무엇인지 조금씩 알게 되는 순간이었다.

혼내기보다 말씀으로 훈육하는 것이 하나님의 뜻이기도 하지만 그 효과 또한 만점임을 깨달으며 아이의 일을 통해 엄마는 감동으로 찔끔 눈물까지 흘린 채 활짝 웃음을 지었다.

감사로 이루는
눈물바다

　말씀을 암송한다는 것은 결코 쉬운 일이 아닙니다. 더욱이 어린아이가 뜻도 제대로 모르는 문장을 엄마 따라 암송한다는 것은 참으로 어려운 일입니다. 그럼에도 사랑하는 엄마와 한자리에 앉아 얼굴을 맞댄 채 무엇을 함께한다는 것은 어린아이로서는 더없는 행복일 수밖에 없습니다. 어쩌면 그것은 평생토록 잊지 못할 아름다운 추억으로 자리 잡게 될 수도 있습니다.

　따라서 젊은 엄마와 기억력이 왕성한 어린 자녀들이 날마다 하나님의 말씀을 정해진 시간에 함께 암송하면서 암송가정예배를 드릴 수 있다면, 그 자체가 최고의 가정교육이자 정서교육이며 신앙교육이 될 것입니다. 부모의 모범과 지혜를 통해 믿음, 예절, 성실, 꿈이 자녀에게 심기는 것입니다.

유니게 과정 44기 1단계를 수료한 주님의보배교회 고여진 집사님의
일기를 소개합니다.

은혜의 눈물로 한마음

"그런즉 믿음, 소망, 사랑, 이 세 가지는 항상 있을 것인데 그중의 제
일은 사랑이라. 고린도전서 13장 13절 말씀 아멘."

303비전성경암송학교 유니게 과정을 시작하는 날부터(4월 1일) 함께
실천해온 성경암송예배. 딸 지희(6세)와 매일 한 절씩 암송하다 보니 어
느새 마지막 절까지 암송하게 되었다. 매일 꾸준히 조금씩 하는 것이 이
렇듯 놀라운 결과를 안겨주다니 새삼스레 신기할 뿐이다.

지희도 자신이 암송하는 것에 대해 인정해주고 칭찬해주니까 즐거워
하며 자신감을 갖고 더욱 힘써 암송하는 것 같다. 후반부 12절은 많이
어려워하는 것도 같았으나 매일 조금씩 반복하니까 헷갈려 하는 나보다
도 더 정확히 암송한다.

예배를 마치면서 잠깐 감사 제목을 나누고 내가 대표로 마무리 기도
를 했다.

"하나님 아버지, 우리 지희에게 총명한 지혜와 머리를 주셔서 하나님
말씀을 잘 암송하게 하시니 감사드립니다. 말씀을 통해 우리 지희가 하
나님을 사랑하는 참 제자로 자라게 해주세요."

기도를 마치고 환한 미소를 지으며 딸아이를 보니, 두 눈에는 눈물이
그렁그렁 맺혔고, 양 볼은 빨갛게 물들어 있는 것이 아닌가.

"지희야, 왜 그러니?"

깜짝 놀라서 묻자, "마음이 너무 기뻐서요. 말씀암송 열심히 해서 하나님 사랑하는 지희가 될래요" 하면서 내 품에 안겨 소리 내어 울었다. 우리 모녀는 기쁨과 감사의 눈물바다를 이루고 말았다.

'감사합니다, 주님!'

말씀을 암송하는
자녀의 믿음과 기도

옛날에 어느 아흔 살 아버지가 일흔 살 아들의 등에 업혀 여울을 건너고 있었습니다. 아버지는 아들이 발을 헛디뎌서 넘어질까 염려가 되어 아들의 등 위에서 당부합니다.

"조심해라."

"예, 아버지. 염려하지 마세요."

"그래도 애비야, 조심해라."

아흔 살 아버지의 생각에는 비록 아들이 일흔이 되었다 해도 어린 아들처럼 염려스럽기 이를 데 없다는 이야기겠지요. 하물며 여섯 살, 네 살 된 자녀를 둔 엄마라면 오죽할까요? 하지만 실상은 과연 어떨까요?

특히 하나님의 말씀을 암송한 자녀는 어디가 달라도 다릅니다. 어떤 의미에서는 신앙생활을 오래한 엄마보다 더 순수한 믿음을 가지며, 엄마보다 더 성경적인 기도를 하는 모습을 흔히 봅니다. 조기 암송교육의 힘을 새삼 깨닫게 되며, 말씀암송 가정예배의 보람을 재확인하게 된답니다.

유니게 과정 41기 1,2단계를 수료한 두 아이의 엄마, 삼일교회 이수미 집사님(제7기 303비전꿈나무 으뜸모범생 김서영 7세, 모범생 김찬영 5세)의 일기를 소개합니다.

일곱 살 으뜸모범생의 기도 2010년 5월 31일

서영이와 찬영이와 함께 암송을 마친 뒤 암송한 말씀의 뜻이나 느낀 점을 나누자고 했다. 그러자 서영이가 "엄마, 오늘 암송한 말씀 중에서 '그런즉 너희는 먼저 그의 나라와 그의 의를 구하라. 그리하면 이 모든 것을 너희에게 더하시리라' 하는 말씀이 제일 기억에 남아요"라고 말했다.

아무래도 마지막으로 암송한 말씀이라 그럴 거라고 가볍게 넘겼다. 하지만 가정예배 마지막 순서로 서영이가 대표기도를 하는 것을 듣고 놀랐다.

"하나님! 이 나라가 북한과 남한으로 나뉘어 있습니다. 통일이 되어 한 나라가 되게 해주세요. 예수님의 이름으로 기도드립니다. 아멘."

서영이의 기도를 들으며 암송한 말씀이 아이에게 역사하고 있음을 깨달았다.

네 살 모범생의 믿음 2010년 6월 3일

아침에 정신없이 며칠 전에 다려놓았던 남편 바지를 찾고 있었다. 바쁜 아침에 출근하려는 남편 바지를 찾느라 아이들에게 바지를 보지 못했느냐고 물었다. 아니, 어쩌면 소리 지른 것이 맞다. 그러자 둘째 찬영이가 말한다.

"엄마! '구하라, 그리하면 너희에게 주실 것이요. 찾으라, 그리하면 찾아낼 것이요. 두드리라, 그리하면 너희에게 열릴 것이니'라고 암송해 보세요. 그러면 찾을 거예요."

아이의 말을 듣고는 건성으로 "그래"라고 대답했다. 그러나 암송하지는 않았다. 그저 "바지가 어디 갔지?"라고만 되뇌었을 뿐이다. 그때, 바로 찬영이가 말한다.

"엄마, 혹시 이 바지예요?"

나는 깜짝 놀랐다. 옷걸이 뒤로 넘어간 바지를 찬영이가 찾아낸 것이다.

"그것 보세요. 찾았죠?"

"응. 고맙다."

부끄러웠던 아침. 그러나 말씀의 능력을 경험하며 커가는 아이를 보는 엄마는 감사했고 행복했다. 말씀암송으로 자녀와 가정이 이렇게 확 바뀌다니, 그저 놀랍기만 하다.

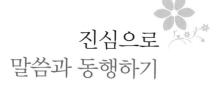

진심으로
말씀과 동행하기

아무것도 모를 거라 여겼던 대여섯 살 자녀가 엄마와 함께 말씀을 암송하고 날마다 암송가정예배를 드리는 동안 말씀의 권능으로 엄마, 아빠를 깜짝깜짝 놀라게 하는 대견스러운 말을 하고, 그 귀여운 입술로 하나님의 말씀을 증거 하는 바람직한 일들이 일어나고 있습니다. 이를 지켜보는 보람과 기쁨이 또 얼마나 큰지요. 그러기에 나의 겉 사람은 후패하나 속사람은 날로 새로워집니다.

이수미 집사님의 일기를 소개합니다.

귀여운 나의 동역자 2010년 6월 7일

암송예배 시간에 아이들은 많은 말을 하지 않는다. 소감과 느낀 점을 물으면 둘 다 "없어요"라고 말한다. 그런데 오늘은 서영이가 암송예배

중간 중간 참 많은 말을 했다. 그러한 서영이가 왜 이리 커 보이는지. 듣고 있는 나는 참 작게 느껴졌다. '아이를 키우다 보니 이런 일도 있구나' 싶었다.

"서영아! 오늘 참 암송을 잘하는구나. 어려운 단어들 때문에 힘들었을 텐데."

"하나님께 기도했어요. 암송 잘하게 해달라고요. 장로님이 하나님께 기도하면 다 이루어주신다고 했어요."

"장로님 말씀 다 들었니?"

"엄마는 제가 그냥 앉아 있는 줄 아셨죠? 저는 장로님께서 말씀하시는 것 다 듣고 있었어요."

서영이 스스로 맨 앞줄에 앉기에 그저 엄마로서 '참 착하다'라는 생각만 했는데, 장로님 말씀을 듣고 적용한 서영이가 참 대견해 보였다.

암송하는 중간에 갑자기 암송을 멈추더니 "엄마! 내 마음도 성전이고 엄마 마음도 성전이에요. 마음을 더럽히면 성전도 더러워져요" 하고 말했다.

"그러면 어떻게 해야 성전을 더럽히지 않을 수 있을까?"

"기쁘게 생각하고 행동하면 마음의 성전이 깨끗해져요. 그리고 기쁘게 예배드리면 성전이 깨끗해져요."

"그렇구나. 그런데 서영이는 그걸 어떻게 알았지?"

"예배시간에 목사님께서 말씀해주셨어요."

예배시간에 아이가 옆에 앉아 있기는 했으나 큰 기대는 하지 않았다.

그저 목사님의 말씀 한마디만이라도 아이의 가슴에 새겨진다면 그것으로 감사하다고 생각하며 예배장소에 데리고 다녔는데, 서영이 입에서 나오는 말이 한 편의 설교 말씀같이 내 가슴에 새겨졌다.

"엄마! 암송은 열심히 하는 것보다, 303비전꿈나무장학생이 되려고 하는 마음보다 진심으로 기쁘게 하는 것이 중요해요."

서영이 말이 맞다. 나에게는 열심은 있었으나 기쁨이 없었다. 서영이가 나의 가슴을 훤히 꿰뚫어보고 있는 것 같았다. 아이의 입술을 통해 하나님께서는 나에게 무엇이 부족한지 정확히 말씀해주셨다.

오늘은 참 기쁜 날이다. 사랑하는 딸과 영적인 대화를 나누고 아이가 하는 많은 생각을 알 수 있어서. 암송예배 시간에 더 많은 영적인 대화를 나누며 하나님께 더 많은 영광을 돌리는 시간으로 채워지면 좋겠다.

사랑하는 서영아, 엄마의 영적인 동역자가 되어주어 고맙다.

대문 앞에 쭈르르 앉아 암송하기 2010년 6월 9일

저녁때쯤 두 아이와 함께 공원에 갔다. 요즘 교회에서 특별새벽기도를 하고 있다. 두 아이를 이끌고 새벽예배를 다니다 보니 체력이 바닥이 났다. 공원에서 집으로 오는 길에 다리가 풀려 결국 집 대문 앞에 주저앉고 말았다. 두 아이는 그런 엄마의 상태를 아는지 모르는지 양 옆에 나란히 앉는다.

어찌 됐든 집 앞이라는 생각에 안도감도 몰려왔고, 저물어가는 하늘을 보고 있노라니 마음에 평안이 찾아왔다. 아무 생각 없이 "우리 암송할까?"라고 말했다. 혹시나 아이들이 싫어하면 바로 집에 들어갈 생각이었다. 두 아이들이 "좋아요"라고 대답한다.

그렇게 하여 셋이 나란히 대문에 앉아 손을 꼽아가며 한 절씩 돌아가며 암송했다. 저물어가는 하늘 아래 눈빛을 반짝이며 암송하는 아이들을 보고 있노라니 눈물 나도록 감사하고 행복하다.

'하나님, 감사합니다.'

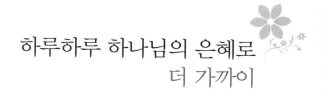

하루하루 하나님의 은혜로
더 가까이

　예수님은 산상수훈 중 팔복을 강론하시면서 "애통하는 자는 복이 있나니 그들이 위로를 받을 것임이요"(마 5:4)라고 말씀하셨습니다. 이는 하나님의 의(義)를 위해 애통하며 간구하는 자를 하나님께서 위로해주시리라는 약속입니다. 뿐만 아니라 성령의 감동을 받게 되면 애통하게 된다는 말씀이기도 합니다.

　성령의 감동을 받는 사람들은 누구나 먼저 죄를 깨달으면서, 눈물, 콧물을 참을 수 없을 정도로 쏟게 됩니다. 죄성(罪性)이 가득한 인간이기에 죄 없으신 하나님께서 사랑을 베푸시려면, 어른이나 아이나 철이 든 사람이라면 누구에게나 먼저 그 심령을 깨끗케 하기 위해 회개의 영을 보내셔서 눈물과 콧물로 씻어주십니다.

　일반적으로 십 대 사춘기에 들어선 자녀들은 부모님이나 선생님을 존경하여 순종하기보다, 어른 보기에는 미숙한 자기 생각을 기준으로 판단하며 자기를 지키려고 합니다. 이를 가리켜 이유 없는 반항이라는 말을 하는 어른들이 많은데, 알고 보면 그들 나름의 이유가 있답니다.

하나님의 진리의 말씀, 생명의 말씀을 심령 속에 모시고 있지 않다는 것이 가장 크고 중요한 이유입니다. 정작 자녀의 심령 속에서 역사하실 말씀은 없고, 사탄 문화의 지배를 받는 이기심이 자리하고 있다는 것이 그 이유라 할 수 있습니다. 한편 말씀을 즐겨 암송하고 경건한 마음으로 하나님께 예배하는 성도는 복이 있습니다. 하나님은 이를 기뻐하사 회개의 영을 주시는 것을 직간접적으로 많이 경험하고 있습니다.

이 말씀이 또한 너희 믿는 자 가운데에서 역사하느니라 _살전 2:13b

유니게 과정 18기 2단계 수강생인 최은진 집사님의 일기를 나눠봅니다. 아들 정균(11세)이와 딸 빈(9세)이와 함께 날마다 말씀을 암송하며 암송가정예배를 드리며 누리는 기쁨이 배어 나옵니다. 초등학교 4학년 어린이가 암송가정예배를 인도하는 가운데 성령의 감동을 받아 크게 통곡하며 회개하는 모습이 참으로 인상적입니다.

암송예배를 통한 정균이의 변화 2010년 10월 14일

아들 정균이에게 암송예배를 인도해보도록 했다. 어색해하면서도 밝은 얼굴빛이 좋아하는 눈치였다. 처음에는 어떻게 해야 하는지 모르고,

"엄마, 내 마음대로 하면 되지?" 하기에 속으로 걱정이 되었지만 "그래, 정균이 마음대로 하면 돼. 그렇지만 규칙은 지켜주었으면 좋겠어. '지금부터 말씀암송예배를 시작하겠습니다'로 시작해보렴" 하고 말했다.

그러자 서툴고도 쑥스럽게 "지금부터 말씀암송예배를 시작하겠습니다" 하면서 인도해나갔다. 그 같은 아들의 모습이 마음속에 감동으로 밀려왔다. 늘 딴 생각, 딴 짓, 다른 행동을 하던 모습, '나는 안 해' 하던 모습은 사라지고, 진지하게 예배에 임해주는 모습이 참으로 고마웠다.

"찬양하겠습니다."

"기도하겠습니다."

"창세기 1장 1절 말씀을 암송하겠습니다."

"이제는 출애굽기 20장 1절과 2절 말씀을 암송하겠습니다."

"출애굽기 20장 3절부터 6절 말씀을 암송하겠습니다."

"천천히 세 번 하고 다음에는 빠르게 세 번 하겠습니다."

"김 빈 양은 왜 안 합니까?"

오빠의 지적에 어안이 벙벙했는지 빈이는 자꾸만 딴청을 피우고 만다. 암송예배를 다 마치고 나자 정균이는 엎드려 기도하면서 울기 시작한다.

"하나님! 제가 오늘 처음으로 303비전꿈나무 성경암송예배를 인도했습니다. 엄마는 잘했다고 하는데, 하나님은 어떠세요? (울먹울먹) 오늘은 처음이라 쑥스러웠지만 다음부터는 담대하게 인도할 수 있도록 도와주세요. 그동안 제가 지은 죄를 용서해주시고, 암송예배를 통해 믿음이 커

지도록 도와주세요. 예수님의 이름으로 기도합니다. 아멘!"

기도를 마치면서 엉엉 울기 시작하는 아이.

"엄마, 자꾸 눈물이 나와요."

"성령님이 정균이 마음을 만지고 계신 거야."

예배를 통해서 하염없이 우는 아이. 앞으로 어떤 상황이 기다리고 있을지 모르지만 너무나 기대가 된다.

"하나님, 정균이로 하여금 이 암송예배를 잊지 않게 해주세요. 하나님 만난 이 귀한 시간을 기억하게 해주세요."

기도하면서 하나님께 감사를 드렸다.

'나에게도 우리 가정에도 이런 일이 생기는구나!'

내가 글로 잘 표현하지 못해서 속상하기까지 하다.

하나님이 하셨습니다. 우리는 어렵게 이 자리에 앉았는데 하나님은 항상 이 자리에 계셨습니다.

'하나님, 감사합니다. 사랑합니다.'

나도 모르게 암송교육 홍보대사가 되다 2010년 10월 15일

암송예배를 드리기 전에 큰아이 정균이가 말했다.

"엄마, 오늘도 눈물이 나올까요?"

어제의 감동이 지금까지도 남아 있는 큰아이를 보면서 또다시 감사할 수밖에 없다. 아침에 일어나 정균이가 다가오면서 말했다.

"엄마, 어제 저에게 암송예배 인도할 수 있도록 해주셔서 감사해요."

정균이를 아는 사람에게 이 예배에 대해 말해주었더니, 다들 놀라워한다.

"한번 해보세요. 암송교육 같이 가요."

저절로 암송교육 홍보대사가 되어 권면한다. 오늘도 예배를 다 인도하고 난 정균이는 눈시울이 붉어졌다.

하나님이 이 모든 말씀으로 말씀하여 이르시되

나는 너를 애굽 땅, 종 되었던 집에서 인도하여 낸 네 하나님 여호와니라

_출 20:1,2

말씀을 암송하면서 예수님의 사랑을 묵상해본다. 죄인이었던 나를 예수님의 십자가 보혈로 깨끗하게 하시고 당신의 자녀라고 말씀하신 그 사랑에 대해 묵상하며 아이들과 나눌 수 있어서 너무나 감사했다.

하나님의 임재를 더욱 깨닫게 되다 2010년 10월 22일

빈이는 오빠 정균이가 계속해서 암송예배를 인도하는 것이 부럽고 샘이 났던지 자기도 암송가정예배를 인도해보겠다고 한다. 정균이는 "그래, 나도 너처럼 네가 인도하면 암송예배 안 드릴 거야" 하고 말한다. 정균이가 열심히 하면 빈이가 안 한다고 하고, 빈이가 열심히 하려고 하면 정균이가 안 한다고 하니 어렵기만 하다.

"그럼, 오늘은 정균이가 하자. 대신 빈이는 예배를 잘 드리도록 하자.

그러고 나서 다음에는 빈이가 인도하는 거야."

이렇게 약속하고 암송예배를 드렸다.

빈: 아빠가 교회 같이 다녔으면 좋겠어요.

정균: 빈이가 암송예배를 잘 드릴 수 있도록 도와주세요.

엄마: 이번 달에는 우리 모두 아껴 쓰는 한 달이 되었으면 좋겠어.

　　　여름에 아빠가 몸이 많이 피곤해서 쉬셨기 때문에 경제적으로 어렵거든.

　　　우리 같이 해보자.

암송예배 가운데 서로의 기도제목과 가정에서 일어나는 일도 나누면서 하나님의 임재를 더욱더 깨달아 알게 되었다.

'감사합니다. 나의 아버지 하나님!'

가정교육의
바른 길

교육은 가정교육, 학교교육, 사회교육으로 크게 나눌 수 있습니다. 크리스천은 여기에 교회학교교육을 추가합니다. 303비전에서는 어려서부터 말씀을 암송시키며 날마다 즐겁고 경건한 암송예배를 드리는 가정교육에 우선순위를 두고 있습니다.

특히 요즘은 안타깝게도 학교교육 환경이 너무도 험악해져 갑니다. 아이들의 대화 속에는 상스러운 욕설이 난무하고, 걸핏하면 돈을 뜯어가는 아이들, 자기들의 일방적인 무리한 요구에 응하지 않으면 폭력을 가하는 아이들이 늘어나고, 크리스천 가정에서 착하게 자란 우리 자녀들이 억울하게 왕따를 당하는 경우가 잦습니다.

따라서 근래에는 많은 크리스천 부모가 어려움을 무릅쓰고 홈스쿨링을 택하고 있습니다. 이런 가정일수록 말씀암송과 암송가정예배가 더욱 큰 힘이 되고 있어 얼마나 기쁜지 모릅니다.

더욱 감사한 것은 불과 너덧 살 된 어린 자녀들이 엄마와 함께 말씀을 암송하고 또 자기들 중심의 가정예배를 드리기 시작하면서부터 눈에 띄게 착해지고 믿음이 돈독해지며 기도도 잘 드리고 있다는 사실입니다. 가정교육의 바른 길은 말씀암송훈련과 암송가정예배를 날마다 드리는 데 있지 않을까요?

유니게 과정 38기 2단계를 수료한 온누리교회의 김희연 성도님은 아들 삼 형제와 같이 말씀암송을 하면서 누린 은혜를 일기에 담았습니다.

게으른 엄마를 조르는 부지런한 아이들 2009년 11월 20일

저녁식사 후 엄마와 함께 드리는 예배시간을 아이들이 점점 더 기대하고 좋아하기 시작했다.

"저녁 밥 잘 먹으면 엄마랑 암송예배도 드리고, 말씀그림일기도 쓸 거야."

"정말?"

그러면서 열심히 밥을 먹는다. 엄마로서는 얼마나 큰 무기(?)가 생긴 것인지. 하루 한 순간도 온전히 아이들만을 위해 떼어놓은 시간이 없었던 내게, 세 아이들에게도 저녁식사 후의 예배시간과 일기 시간은 정말로 소중해졌나 보다.

서진이는 다섯 살, 하진이는 네 살, 채진이는 7개월. 모두 사내아이다. 사내아이들만 하루 종일 바글거리니 집안 꼴은 말할 것도 없고, 조용할 새가 있을 턱이 없다. 저녁을 먹고 아이들을 씻어주고 나면, 나는 일과를 마쳤다는 생각에 지쳐 나가떨어지고, 심지어 애들에게 책을 읽어주는 것조차 너무 힘들어진다.

그런데 암송예배를 시작하고부터는 모든 것이 달라졌다. 이로 인한 유익이 정말 얼마나 많은지.

가장 먼저는 나나 아이들이나 암송시간, 예배시간을 통해 자연스럽게 가정예배를 드리고 암송하게 된 것이다. 다른 모든 잡념을 버리고 온전히 아이들에게 집중할 수 있는 퀄리티(Quality) 타임이 생겼다.

예배 후에는 말씀일기를 같이 쓰면서 아이들이 즐겁게 그림 그리기를 한다. 그린 그림을 보면서 이야기를 나누면 아이들이 말씀을 얼마나 잘 이해하고 있는지를 알 수 있다. 성령님이 서진이와 하진이에게 말씀과 말씀이신 하나님에 대한 이해를 시키고 계심을 확인할 수 있어서 얼마나 감사한지 모른다.

그림을 그리고 나면 성경과 관련된 다른 이야기도 더 나누게 되고, 함께 찾아보면서 독서하는 시간도 늘어나게 되었다. 하루는 시편 23편 1절 "여호와는 나의 목자시니 내게 부족함이 없으리로다"를 외웠더니, 목자 된 다윗이 사자나 곰이 공격해올 때 양들을 지켜낸 것과 골리앗을 무찌른 것을 연관 지어 기억한 다음, 그것을 그림으로 그리는 것이 아닌가. 그러면서 하나님이 사자로부터 다니엘을 구해주신 것도 스스로 기억해내고 그림 성경을 뒤져 그 이야기를 찾아내며 아주 많이 기뻐했다. 스스로 공부하고 스스로 탐구하면서 엄마에게 자랑하고 기뻐하는 아이의 모습을 보니 '아, 이것이 참 교육이구나' 싶었다.

마지막으로 아이들은 엄마와 말씀을 함께 나누며 교제하는 동안 더욱 안정을 찾는 것을 보았다.

줄줄이 사내아이만 셋이니 서로의 것을 탐내며 다툼이 끊이지를 않았다. 그런데 암송가정예배를 시작하면서 부쩍 좋아지는 것이 보인다. 처음에는 아이들이 말을 안 들어 어려움도 따르고 부담도 많았는데, 작정하고 구하는 순간부터 주께서 많은 지혜를 주셨다. 그리고 그에 따라 아이들의 예배 태도도 많이 좋아지고, 말씀을 듣고 생각하는 깊이도 더해지는 것 같아서 정말로 감사하다. 이제 아이들이 저녁 가정예배(암송예배)를 무척 기대하고 기다린다. 그리고 나도 기다린다.

'오늘은 성령께서 아이들에게 어떤 깨달음을 주실까?' 하고.

엄마! 우리 말씀일기 안 썼잖아요? 2009년 12월 1일

암송학교가 끝났다. 아, 어찌나 홀가분하던지. 오늘 하루만큼은 푹 쉬자는 생각에 저녁을 마친 후 이것저것 일을 좀 하다가 세 아이들을 데리고 방에 들어가 침대에 누웠다. 그랬더니 첫째 서진이가 대뜸 하는 말.

"엄마, 우리 말씀일기 안 썼잖아요?"

'헉! 오늘은 쉬려고 했는데…'

서진이가 꼭 해야 한다며 난리다. 손가락 빨고 얌전히 있던 둘째 하진이도 형을 보면서 덩달아 같이 예배 안 드린다고 나를 마구 질책한다. 무거운 몸을 일으키고 귀찮은 마음을 다잡으며, 책상을 펴고 암송을 한 다음 예배를 드리고 그림일기를 썼다. 난 너무 피곤한데, 애들은 암송학교가 끝났는데도 아랑곳없이 자기들끼리 예배를 드리고 말씀그림일기를 쓴다. 아, 이젠 아이들이 내 선생님이 되었나 보다.

심은 대로 거두는
자녀교육

"콩 심은 데 콩 나고 팥 심은 데 팥 난다"라는 속담이 있습니다. 갈라디아서 6장 7절 또한 "사람이 무엇으로 심든지 그대로 거두리라"고 말씀하고 있습니다. 시편 기자는 이렇게 노래하지요.

눈물을 흘리며 씨를 뿌리는 자는 기쁨으로 거두리로다
울며 씨를 뿌리러 나가는 자는 반드시 기쁨으로
그 곡식 단을 가지고 돌아오리로다 _시 126:5,6

이에 대한 실례로 거의 모든 신앙위인들은 어려서부터 어머니의 사랑과 기도, 말씀으로 양육되었거니와 시오니즘을 견지해온 유대인들은 2000년간 유랑 민족으로 지내야 하는 아픔 중에도 어릴 때에 토라(모세

오경)를 암송시키는 엄격한 가정교육을 실시했던 것이지요.

요람에서부터 엄마의 말씀을 즐겨 암송하는 모습을 보이며, 날마다 자녀가 중심이 된 암송가정예배를 드림으로 말씀암송과 예배가 자녀의 몸에 배도록 기르기를 지향하는 303비전 가정들이 늘고 있습니다. 얼마나 소망스럽고 감사한 일인지요.

백은실 집사님의 양육일기를 소개합니다. 말씀암송태교로 태어난 슈퍼 신인류라 불리는 온유(25개월)에 관한 이야기입니다.

온유의 생명 미소

사랑스러운 온유가 하나님께 선물받은 아름다운 생명 미소. 이 미소가 여러 사람들을 참 행복하게 만든다. 애교 띤 얼굴로 한번 웃어주기만 하면 나도 모르게 함께 웃고 있다. 미소의 영향력을 무시할 수가 없다. 결혼식이 있어 온유만 데리고 다녀오는 길이었다. 잠이 든 온유를 유모차에 태우고 지하철로 돌아오는 길. 잠에서 깬 온유가 지하철 안이라는 사실을 알고 얼마나 좋아하는지.

"엄마~ 여기 기타야~ 기타~(엄마, 여기, 기차야 기차) 야! 신 난다."

유모차가 들썩일 정도로 다리를 구르며 신이 났다. 형을 닮아서 기차란 기차는 모조리 좋아하는 온유. 어찌나 좋다고 소리를 질러대는지 주위에 있던 사람들의 시선을 온통 잡아끈다.

"기타야~기타~" 하며 사람들에게 자기가 기차에 타서 이렇게 신나는 거라고 설명이라도 하듯 사람들에게 미소를 보내며 인사한다. 경로석에 앉아 계시던 할머니는 온유의 하는 행동이 예뻐 보였나 보다.

"웃기도 잘하고 말도 잘하고~ 너 몇 살이여?"

"찌 살."

온유는 손가락 세 개를 펴서 보여준다.

"이름이 뭐여?"

"온유예요."

"세 살인데 이름도 알고 똑똑하네."

할머니랑 이 얘기 저 얘기를 한참 하던 온유가 "하머니 위험해~ 거기 손잡아!" 하는 게 아닌가! 위험하니까 할머니 옆에 있는 기둥을 손으로 잡으라는 것이었다. 온유가 무슨 소리를 하는지 모르시는 것 같아 말씀드렸더니, 주위에 계신 어른들이 "세상에~ 이 어린것이 나보고 위험하다고 손잡으라고 하네. 웃는 것도 예쁜데 맘도 참 예쁘네" 하시며 내리시기 전까지 입이 마르도록 칭찬을 하셨다. 온유의 예쁜 미소 덕분에 함께 지하철을 타고 가는 사람들 얼굴에 작은 웃음꽃이 피었다. 아름다운 생명 미소.

말씀암송태교로 태어난 슈퍼 신인류의 증표인 미소를 유감 없이 보여주는 온유. 그 아이의 미소가 영혼을 살리는 일에 사용되길 소망하며, 기쁨을 주시는 주께 영광을 돌린다.

부모가 헤아릴 수 없는
자녀의 마음

"열 길 물 속은 알아도 한 길 사람 속은 알 수 없다"라는 말이 있습니다. 오늘날의 시대 상황에 다시 적용하면, "만 길 바다 속은 알아도 한 길 사람 속은 알 수 없다"가 되겠지요. 현대과학이 인간의 대뇌 구조와 그 기능에 대하여 아무리 파고들어도, 어려서부터 하나님의 말씀을 배우고 암송한 어린이의 의식 구조를 헤아릴 수 있다고 장담할 수는 없다고 봅니다. 부모가 보기에는 철부지요 단순하게 생각할 것만 같은 대여섯 살 자녀의 의식 속에는 기쁨과 슬픔 같은 일률적인 생각만 있는 것이 아니라 '억울하다', '만만하다'와 같은 상대적인 반응을 전제로 자기주장을 펼 줄 아는 지혜와 나름대로의 판단력이 있는 것입니다.

하나님의 말씀을 먹기 시작하면, 생각의 차원이 놀랍도록 높아져서 부모님의 말씀과 하나님의 말씀을 분별하는 지혜가 자리하기 시작합니다. 어린이에 따라 차이는 있을지라도, 공통적인 현상 중의 하나는 영특해진다는 것입니다. 그동안 많은 사례를 통하여 밝혀진 사실이지만 좋은 예가 있습니다.

광성교회의 일한(5세)이는 엄마의 지속적인 말씀암송훈련으로 2009년 5월, 200절의 말씀을 암송하는 제3기 303비전꿈나무장학생이 되었습니다. 엄마인 김윤희 사모님이 다음과 같은 편지를 보내왔지요.

암송 선물을 받은 아이

장로님, 안녕하세요! 지난밤 자려고 누웠는데 일한이가 뜬금없이 "하나님께 너무 감사해"라고 하는 게 아니겠어요?

"뭐가 감사해?"

제가 물었더니, "어린이집에서 꾑박을 많이 받고 있거든" 하고 말하는 거였어요. 저는 너무 놀라 아무런 말도 할 수 없었지요.

"예수님이 말씀하셨잖아. 생각은 잘 안 나는데 아무튼 감사해."

차근차근 물으니 친구 중에 유난히 힘들게 하는 아이가 있는데, 그냥 다 용서해준다는 거였어요. 저는 이미 마음속에서 그 친구를 향해 이단 옆차기를 날린 상태였으면서도 "꾑박하는 자들을 오히려 축복하라고 말씀하셨으니까, 우리 ○○를 위해 축복하자"라고 말해주었지요.

그리고 일한이의 베개가 젖어 있기에 '어린아이가 견디기 힘들었나 보다' 하고 꼭 끌어안으면서 말했어요.

"우리 아들 일한이는 엄마의 보물단지야. 마음이 아픈가 보구나."

"슬퍼서 눈물 나는 게 아니고 엄마가 너무 고마워서 그런 거예요. 엄마, 말로 다 할 수 없을 만큼 사랑해요."

일한이가 제법 어른스럽게 말하더라고요. 그렇게 잠든 아들을 보며 생각했습니다.

'얘는 어디서 온 걸까? 도대체 어떤 아이일까?'

얼마 전에는 출애굽기 13장을 읽고 나서, "하나님, 제 인생이 광야처럼 힘들 때 구름기둥과 불기둥으로 지켜주세요"라고 기도해서 그 표현에 깜짝 놀라기도 했어요. 또 15장을 읽기 전에, 홍해를 건너고 모세와 미리암이 하나님께 감사하며 찬양한 내용임을 얘기해주었는데, 일한이가 한참을 읽다가 숨을 몰아쉬며 말했지요.

"아이고, 무슨 노래가 이렇게 길어~!"

저는 막 웃었어요. 그리고 자기도 모세와 미리암처럼 하나님께 노래를 부르겠다며 마음대로 노래를 지어 부르기도 했는데, 받아 적은 것을 옮겨볼게요.

하나님은 나의 용사시니

내 어려움 해결해주시네

하나님은 위대한 하나님!

이스라엘을 구원하신 위대한 하나님!

여호와여, 신(神) 중에 주와 같은 이가 누구니이까?

주와 같이 거룩함으로 영광스러우며

찬양할 만한 위엄이 있으며

기이한 일을 행하는 자가 누구니이까?

여호와를 찬송하라

여호와는 나의 용사시니

아멘.

　중간은 성경말씀 그대로인데 마음에 든다고 하면서 암송한 대로 부르는 거예요. 요즘은 21장을 넘으면서 '자세히 설명을 해야 하나 그냥 읽고 넘어가야 하나? 성막 나올 때는 성막을 보러 가야겠는데…' 하면서 고민이 많아지고 있어요. 창세기부터 시작한 여행이 계시록까지 완주될 수 있도록 엄마인 제게 특별한 지혜를 부어주셔서 아이들을 잘 양육할 수 있도록 기도해주실 거죠? 장로님, 감사합니다!

조기 가정교육의
열매

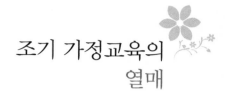

날이 갈수록 조기 가정교육의 위력에 대해 생각하게 됩니다. 교육은 크게 둘로 나눌 수 있습니다. 말로 가르치는 티칭(teaching)과 몸으로 반복 훈련을 통해서 가르치는 트레이닝(training)입니다. 일반적으로 전자는 학교에서 선생님이 수업시간에 말로 가르치는 것을 뜻하며, 후자는 가정에서 엄마, 아빠가 일상의 삶을 통해 가르치는 것을 뜻합니다.

말씀암송태교로 온유한 품성을 갖고 태어난다는 사실은 차치하고라도, 요람에서부터 가정교육을 어떻게 했느냐에 따라 자녀의 후천적 성품이 바람직하게 형성되기도 하고 우려스러운 쪽으로 형성되기도 합니다. 부모의 사정이 좋지 않아 기독교 가정의 어린 자녀들조차 가정교육 환경이 염려되는 상황인데도 교계 지도자들의 무관심과 무원칙을 보고 있으려면 그에 대한 안타까운 마음은 이루 말로 표현할 수 없습니다. 그 와중에도 많은 303비전 엄마들이 말씀암송과 암송가정예배를 우선순위로 하는 가정교육에 올인 하고 있으며, 그에 따른 아름다운 열매가 주렁주렁 맺히고 있다는 반가운 소식을 접하노라면 얼마나 기쁜지 모릅니다.

백은실 집사님의 양육일기를 읽고, 이 놀라운 조기 가정교육의 열매를 모든 엄마들과 나누고 싶습니다.

다섯 살 조이의 주일 아침 말씀묵상

매일 아침 조이 형제는 일어나자마자 제일 먼저 시편을 암송하고 아빠와 함께 큐티를 한다. 주일에는 아빠가 일찍 교회를 가시는지라 나와 함께한다.

주일 아침, 아이들이 먼저 일어나 있었고 전날의 여파로 나는 늦잠을 자게 되었다. 조이에게 시편 23편을 암송하라는 다소 놀라운 숙제를 내주고 아빠는 교회로 향했다. 잠에서 깨어났지만 눈은 떠지지 않는 상태로 아이들의 소리와 행동이 떠다녔다. 잠시 후, 조이가 소파에 앉아서 시편 23편을 암송하는 소리가 들렸다. 기특한 녀석.

암송을 다 하더니 내게 와서 말한다.

"엄마, 말씀묵상 해주세요. 엄마가 주무시니까 내가 해야겠다."

눈 감고 미동도 하지 않는 내 옆에 있다가 다시 소파로 올라간다.

"하나님, 말씀묵상 해요. 성령 하나님, 능력이 나타나게 해주세요. 예수님 이름으로 기도드립니다."

"오늘은 우상 숭배에 대해 이야기하겠어요. 온유야, 들어~! 우상 숭배는 하나님이 너무너무 싫어하시는 거예요. 하나님보다 더 좋아하면 안 돼요. 그러면 우상이에요. 그러면 어떻게 해야 할까요? 예배를 잘 드려야 돼요. 기도도 많이 해야 돼요. 암송도 열심히 해야 돼요. 알았지, 온유야? 하나님, 감사합니다. 우상 숭배는 하나님이 너무 싫어하시는 거예요. 하나님만 사랑하게 해주세요. 예배도 잘 드릴게요. 예수님 이름으로 기도드렸습니다. 아멘. 말씀묵상, 다 했다."

감은 눈 안에 조이의 모습이 하나하나 다 그려졌다. 말씀묵상을 다 했다고 하더니 어딘가에 전화를 한다.

"여보세요? 아빠, 저 시편 암송 다 하고 말씀묵상도 다 했어요. 엄마 주무시고 계셔서 저 혼자 했어요. 멋지죠?"

전화 속에서 아빠에게 칭찬을 들은 조이 형제가 힘 있게 아침을 시작했다. 떠지지 않는 눈을 부릅뜨고 일어나려는데 "엄마~ 저 오늘 혼자 말씀묵상 했어요. 엄마 주무시고 계셔서요" 하며 함박웃음을 보인다. 다 들어서 알고 있었지만, 아무런 내색 하지 않고 맘껏 칭찬해주었다.

요즘 예레미야서 말씀으로 묵상하는 조이 형제님, 글씨도 다 모르고 내용도 모르지만 아빠랑 했던 말씀들을 기억하며 큐티 책을 펴놓고 얘기하는 모습이 참 기특하고 든든하다.

어느새 커서 우선순위를 지키는 귀한 형제님. 그래, 스스로 하나님을 찾는 사람이 되어야 한다.

'하루의 첫 만남을 하나님과 갖는 것. 늘 하나님을 생각하고 소망하는 것.'

누구의 강요도 명령도 아닌 간절한 마음과 소망함으로 사모함으로 간절함으로 하나님을 찾을 때 사랑으로 만나주실 것이다.

'조이 안에 함께하셔서 역사해주시는 주님, 감사합니다. 날마다 성령님의 능력이 나타나길 소망합니다. 할렐루야!'

나를 사랑하는 자들이 나의 사랑을 입으며

나를 간절히 찾는 자가 나를 만날 것이니라 _잠 8:17

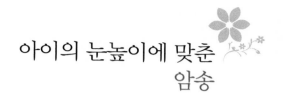

아이의 눈높이에 맞춘
암송

사랑스럽기 이를 데 없는 우리의 어린 자녀들이 불과 10~20년만 지나면 피겨스케이팅의 김연아 선수도 되고 축구경기의 박주영 선수도 될 것입니다. 30~40년 후에는 노벨상 수상자도 나올 겁니다. 그런데 우리가 까맣게 모르는 것이 있습니다. 지금 이 순간에도 조용히 하나님의 말씀을 암송하고 날마다 암송가정예배를 드리며 예수 그리스도의 참 제자로 자라고 있는 303비전꿈나무들이 있다는 것을 말입니다.

말씀암송으로 태교하여 태어난 슈퍼 신인류가 2010년을 기준으로 100명이 넘고, 현재 암송태교 중인 가정이 수십이요 마음으로 예비하는 가정이 수백입니다. 많은 어머니들이 어린 자녀와 함께 시행착오를 겪으며 말씀암송을 열심히 하고 날마다 암송가정예배를 드리고 있으니, 가히 자녀교육의 조용한 혁명이라 할 수 있지요.

유니게 과정 40기 1단계를 이수한 대학생성경읽기선교회 조병주 간사님의 진술한 암송양육일기를 나눠봅니다.

겸손한 마음으로 말씀암송을 2010년 2월 2일

48개월 된 재영이와 말씀암송을 하면서 어려움이 있었다. 아이가 말씀암송을 너무 힘들어하면서 하기 싫어했기 때문이다. 물론 여기에는 엄마인 나의 욕심도 단단히 한몫했다. 나는 재영이가 너무나 또박또박 말씀을 잘 암송할 뿐 아니라 내가 잘못 암송하는 부분을 잡아주기까지 하는 모습이 너무나 신기했다. 그래서 아이가 한 번에 세 절씩 암송하도록 시도해보았다.

그런데 아이는 힘들어하면서 암송을 거부했다. 하기 싫어하는 아이의 반응에 왠지 모를 오기가 나서 열심히 설득하며 중간 중간 협박 비슷하게 얼러가며 끝까지 암송을 시켰다. 그러는 와중에 내심 성령께서 기뻐하시지 않음을 느꼈다. 빨리 앞서 가려는 나의 욕심과 성숙하지 못한 자세, 성령을 의지하지 않는 교만이 아이를 힘들게 한 것이다.

재영이는 그 일 이후로 사흘 동안 말씀암송을 원하지 않았다. 나도 낙심이 되었다.

그러나 월요일에 이어진 장로님의 강의를 들으며 다시금 격려와 힘을 얻었다. 회개하고 나서 다시 아이의 눈높이에 맞추어 말씀암송과 가정예배를 회복할 수 있었다.

아이와 함께 꿈나무송을 부르고 나서 재영이가 직접 기도문을 읽었다. 암송할 한 절 말씀을 A4 용지에 색연필로 예쁘게 써서 이것만 함께 암송하고 기도하자고 제안했다.

재영이가 암송하기 싫어하는 기색을 보이면 "엄마가 암송할 테니 틀린 부분이 없는지 봐줄래?" 하고 부탁하여 암송할 수 있었다. 너무나 소박한 예배이지만 이 또한 예배인지라 기도로 준비할 필요성이 있음을 느꼈다. 나의 욕심 때문에 오히려 더 늦은 셈이었다.

48개월을 맞은 재영이와 나는 고린도전서 13장을 암송하고 있다. 하지만 조금 천천히 가더라도 성령을 의지해 한 절씩, 한 절씩 매일 꾸준히 암송하기로 방향을 잡았다. 생각보다 가정예배를 매일매일 드리는 것이 쉽지 않다. 그래서 이런저런 이유로 지난 주에는 가정예배를 많이 드리지 못했다.

하지만 실천과 지속성의 중요성을 기억하고 매일 꾸준히 감당할 수 있도록 가정예배를 지켜주실 것을 기도하며 나아가야겠다. 아이와 함께 암송하다 보면 아이의 암송 속도나 분량이 나의 진도보다 많이 느리다. 따라서 자연스럽게 지나간 부분을 반복, 복습하며 암송할 수 있어서 참 감사하다는 생각이 든다. 나의 허물과 실수를 통해서도 배우게 하시는 하나님께 항상 감사드린다.

〈암송할 때의 마음가짐〉

1. 욕심 부리지 않기
2. 가정예배를 위해 준비 기도하기

3. 가정예배는 아이의 수준을 고려하여 포인트가 있으면서도 늘어지지 않게 하기

4. 늘 성령을 의지하기

5. 엄마가 먼저 암송에 익숙하기

303비전 가족 이야기

사랑하는 처녀, 총각이 혼기를 앞두고 장래의 꿈을 나누었다. 총각이 먼저 말한다.

"나는 하나님께서 맺어주시는 여자와 결혼해서 하나님 중심의 가정을 이룰 거야."

이에 처녀가 말을 받는다.

"나도 하나님께서 맺어주시는 남자와 결혼해서 말씀암송태교로 자녀를 낳아 수산나처럼 홈스쿨링으로 자녀를 키워서 말씀암송과 가정예배를 체질화시킬 거야."

두 사람은 결혼하기에 이르렀고, 결혼하기 전에 성경암송학교 유니게 과정 1,2단계를 이수하여 말씀 200절을 암송했으며 처녀, 총각 때의 소망대로 두 아들을 말씀암송태교로 낳았다. 맏아들 기쁨이에 대한 엄마의 말은 이랬다.

"기쁨이는 방긋방긋 미소를 잘 지어서 조산원 자매들이 방실이라고 불렀어요. 배가 몹시 고파야 '응애' 하고 울었지만 젖을 물리면 금방 그치곤 했어요. 연립주택에서 살았는데, 하루는 옆집 아줌마가 '그동안 친정 다녀오셨어요?' 하고 물었어요. 그 정도로 기쁨이는 울지 않고 순하게 자랐어요."

8개월에 들어서면서 기쁨이는 엄마의 순종 훈련을 받기 시작했다. 방 안에 놓인 화분으로 기어가서 손을 대기를 좋아하는 기쁨이는 "안 돼!" 하며 고개를 절레절레 흔드는 엄마의 눈치를 살금살금 살피다가 기회가 닿는 대로 화분을 향해 돌진했다. 그때마다 엄마는 화분을 만지는 기쁨이의 고사리 손등을 살짝 때리면서 "안 돼"라고 말했다. 그렇게 며칠 동안 반복하는 가운데 기쁨이는 화분에 손을 대는 것은 엄마가 싫어하는 것임을 알고 순종을 익히게 되었다.

기쁨이가 세 살 될 때에 둘째 아들 온유 역시 말씀암송태교로 태어났다. 온유에 대한 엄마의 말은 이랬다.

"둘째도 첫째처럼 너무 온순하고 방긋방긋 잘 웃고, 여간해서 울지 않고 자랐어요. 밤에 잠도 잘 자고 새벽에야 잠이 깼기 때문에 저희 부부가 밤잠을 설치는 일이 거의 없을 정도였어요. 그리고 기쁨이가 동생을 얼마나 귀여워하고 잘 돌봐주는지 몰라요. 기쁨이는 동생이 엄마 배 속에 있을 때부터 늘 제 배에 손을 얹고 '하나님, 엄마 배 속에 있는 동생이 보고 싶어요' 하면서 기도해왔거든요."

이렇게 두 형제는 말씀암송태교로 태어났기에 그 품성이 모세처럼 온유하다. 또한 어릴 때부터 순종 훈련을 받아 참으로 슬기롭고 온순하며 예쁘게 자랐다. 형제는 싸우며 자란다는 통설은 아주 잘못된 고정관념에서 나온 말이다. 형제 사이에 즐거움이 가득한 기쁨이와 온유가 자라는 가정이 있지 않은가. 형아가 동생을 얼마나 끔직하게 아끼고 보호하며 사랑하는지 모른다. 그래서 처음에는 동생이 버릇없이 형아의 것을 빼앗기도 하고, 심지어 제 마음에 들지 않으면 때리기까지 하다가도 금세 서로 부둥켜안고 좋아하며 어쩔 줄 모른다. 형아는 동생을 아주 많이 아끼고 사랑하며 동생은 형아가 하는 대로 무엇이든지 따라 한다. 그렇게 둘은 강아지처럼 뒹굴며 깔깔댄다.

무엇보다 놀라운 것은 어느새 기쁨이가 다섯 살이 되면서 성경말씀을 100절이나 암송하고, 날마다 드리는 암송가정예배를 멋지게 인도한다는 사실이다. 기쁨이가 "아빠, 기도하세요", "엄마, 기도하세요"라고 말하면 아빠, 엄마는 그대로 따른다. 그러다 보니 은연중에 부모님을 존경하는 마음이 사라질 것을 염려하여 토요일 밤에는 아빠가 예배를 인도하고 있다. 그리고 기쁨이와 온유를 위해 이름을 불러가며 축복기도를 한다.

말씀암송태교로 낳은 형제는 이처럼 서로 사랑하며 자란다. 크리스천 가정에서는 반드시 말씀암송태교로 자녀를 낳아서 어려서부터 엄마, 아빠의 모범으로 말씀암송훈련을 하도록 하자. 가정예배 또한 설교 대신 함께 말씀을 읽거나 암송하는 것이 유익할 것이다.

마땅히 행할 길을 아이에게 가르치라 _잠 22:6a

보라 형제가 연합하여 동거함이 어찌 그리 선하고 아름다운고 _시 133:1

* * *

마땅히 행할 길을
아이에게 가르치라
그리하면 늙어도
그것을 떠나지 아니하리라 _참 22:6

Train a child in the way
he should go,
and when he is old
he will not turn from it. _Proverbs 22:6

4부

자녀의 습관은
말씀암송으로 거룩해진다

믿음의 유산,
말씀암송

오늘날 한국의 젊은 엄마들 대부분이 사랑하는 자녀를 키우는 사이 소리치고 때리고 함께 울면서 전사의 삶을 닮아간다고 합니다. 그런가 하면 옆집에서 어린 아기가 자라고 있는지도 모를 정도로 조용히 자녀를 키우는 현명한 엄마도 있습니다.

유니게 과정에서 내가 강조하는 것 중의 하나가 자녀에게 화를 내지 않는 것입니다. 하나님의 자녀라는 것을 인정한다면 왕자님, 공주님을 키우는 자세를 취하는 것이 마땅하겠지요. 안타까운 일이지만 오늘날 우리 젊은 엄마들이 어린 시절부터 엄마의 고함 소리를 듣고 맴매를 맞고 자랐다는 데서 전사 같은 부모가 되는 원인을 발견하게 됩니다.

그럼에도 우리에게는 감사해야 할 기쁜 소식이 계속 들려오고 있습니다. 303비전 엄마들은 이 좋지 않은 습관을 조금씩 고쳐가고 있다는 것입니다. 자녀와 함께 말씀을 암송하고 날마다 드리는 말씀암송 가정 예배를 통해서 자녀는 순종이 습관화 되고, 엄마는 사명의식이 돈독해 지기 때문이지요.

유니게 과정 34기 1,2단계를 수료한 이선영 성도님은 24개월 된 아들 민찬이와 말씀을 암송하고 날마다 암송가정예배를 드리면서 복중에 있 는 사랑이를 말씀암송으로 키우고 있습니다.

소중한 아이에게 가르쳐주는 진실한 사랑

갑작스러운 둘째 임신으로 경황없이 몇 주를 보내는 사이, 암송과 예 배가 흐트러지기 시작하자 입덧과 심리적 우울증 등을 극복하기 위한 차원에서 새해 목표를 다시 세웠지요.

1. 하나님과 나누는 새벽 교제 회복하기
2. 두 돌을 맞는 민찬이와 태중의 사랑이를 위해
  매일 아침 암송예배로 하루 시작하기

실천하기 쉽지 않은 목표였지만 엄마가 게을러지면 민찬이의 교육에 적신호가 켜질 것을 우려하여 두 번째 목표는 꾸준히 지켜나갔습니다. 태중에 있는 사랑이의 경우는 반응을 알 수 없는 시기였으나 민찬이와 엄마는 서로 티격태격하며 소리를 지르다가도 예배드리기로 한 시간이 되면 자리를 정돈하고 예배를 드렸습니다.

2단계까지 외운 대로라면 200구절을 암송해야 하지만 민찬이도 버거울 듯싶고, 찬양과 함께 50구절만 암송하기에도 15분 정도가 걸리지요. 엄마가 찬양하면 민찬이는 박수 치고 따라 하다가 "암송하자" 하면, "찬세기 1당 1덜 말씀" 하면서 따라 합니다.

가끔 하기 싫으면 "시러" 하면서 "에에에"라고 하지요. 사실 예배드리며 암송할 때마다 마음에 많이 걸립니다. 각 구절구절 암송할 때마다 말씀들이 칼처럼 마음을 찌르지요. 사랑이라고는 찾아볼 수 없는 나의 양육 태도가 한심해서, 예배 마치면 도로 일상으로 돌아오는 나 자신이 한심해서 "미안하다. 오늘은 잘 보내자"라고 찬이와 손잡고 얘기해놓고는 10분도 못 지나서 소리를 지르곤 하지요.

예배는 드려서 뭐 하냐고 하겠지만, 그래도 내가 할 수 있는 게 이것밖에 없어서, 민찬이와 사랑이에게 줄 수 있는 것이 믿음의 유산뿐이라서, 엄마는 불쌍한 죄인이고 연약한 사람일지라도 예수님 그리고 하나님은 정말 믿을 만하다고, 너희들을 변함없이 사랑한다고, 그러니 그 진리에 네 인생을 던지라는, 그것 하나 가르쳐주려고 오늘도 결단합니다.

'오늘도 예배드리고 나서 민찬이와 전쟁을 치르고 막말을 퍼부은 후에 혼자 울어버렸지만, 내일도 모레도 글피도 포기하지 말고 이것만은 잘 해내야지…. 이선영, 못 말리는 의지 박약아인 줄 내 자신이 잘 알지만 이것만은 꼭 해야지!'

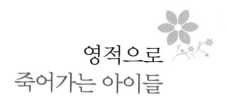

영적으로
죽어가는 아이들

나는 시편 57편 7절과 8절을 우리말과 영어로 암송 묵상하고 있습니다. 같은 말씀인데도 한글과 영어는 표현 방법의 뉘앙스가 약간 다르기 때문에 그 깊은 뜻을 감상하고 싶어서입니다.

하나님이여 내 마음이 확정되었고 내 마음이 확정되었사오니

내가 노래하고 내가 찬송하리이다

내 영광아 깰지어다 비파야, 수금아, 깰지어다

내가 새벽을 깨우리로다

My heart is steadfast, O God, my heart is steadfast;

I will sing and make music.

Awake, my soul! Awake, harp and lyre!

I will awaken the dawn. (NIV)

미래의 소망인 어린이들의 영혼이 세상의 흙탕물 같은 문화에 휩쓸려 떠내려가고 있는 비상시국에 엄마, 아빠는 먹고사는 데 쫓겨 어린 자녀를 놀이방에 맡겨놓고 사랑의 정서를 잃고 자라게 하질 않나, 천재로 키우려는 일념으로 유치원 시절부터 영어다, 피아노다, 이중 삼중의 과외로 내몰아 정서적인 기형아로 만들질 않나, 엄마 말을 듣지 않는다고 격분하여 자녀를 향해 고래고래 소리 지르며 때리거나 아이와 싸우는 모습을 연출합니다.

무한한 암송 능력이 있는 어린이에게 하나님의 말씀을 암송시키고 날마다 암송가정예배를 자녀들과 함께 즐겁게 드림으로 어려서부터 경건생활이 체질화 되게 할 생각은 하지 않은 채 그 소중한 유아교육의 타이밍을 놓치는 가정이 얼마나 많은지요.

유니게 과정 38기 1단계를 마치고, 설레는 마음으로 2단계를 준비하는 수지 기쁨의교회 전영희 집사님의 일기를 소개합니다. 전영희 집사님은 창민(12세)이와 성민(11세)이를 홈스쿨링 하고 있으며 갓 입양한 은민(1세)이의 엄마이기도 합니다.

하나님의 특수부대 만들기 작전 2009년 9월 29일

화요일 암송학교에 갈 때나 주일에 교회로 향하는 길은, 차 안에서 암송예배를 드리는 좋은 기회가 되어주었다. 특히 성민이에게 가장 큰 영향을 미치는 암송 CD 듣기는 어린아이에게 그대로 새겨지는 뇌의 놀라운 기능에 대해 생각해보게 했고, 때를 놓치면 여러 가지로 시간이 배 이상 걸리고 힘든 것임을 알게 했다. 나는 암송하려면 도대체 몇 번을 반복해야만 하는데 아이들은 어쩌면 그렇게 금세 외워버리는지. 첫째를 키울 때는 몰랐으나 듣지 않는 것 같아도 모든 것이 아이들에게 스며들어감을 성민이를 키우면서 알게 되었다. 그 엄청난 위력에 그저 놀라울 뿐이다.

아침에 예배드리면서 찬양하면 하루 종일 그 노래를 흥얼거리는 아이도 성민이다. 무엇을 심든지 그대로 나타난다. 그러니 자극적인 게임을 하거나 텔레비전을 즐겨 보는 아이들의 머릿속에는 그것들이 얼마나 선명하게 새겨질지를 생각하면 무섭기까지 하다.

그러한 문화 속에 살고 있는 다음 세대를 생각하면 마음이 아프다. 시대가 정말 악하다는 생각이 들고 현대 생활의 편리함 뒤에는, 다양한 문화의 즐거움 뒤에는 얼마나 많은 사탄의 영향력이 곳곳에 도사리고 있는지, 마치 지뢰밭에 아이들을 내보내는 느낌이 든다. 환경이 그렇다 보니 아이들이 꽃을 피우고 열매를 맺기도 전에 엄청난 어둠의 공격에 의해 영적으로 죽어가는 모습이 더욱 처연할 뿐이다.

이 아이들을 어떻게 건져낼 것인가? 어린아이부터 빨리 건져내야 한다. 그러려면 엄마부터 깨어 있어야 한다. 그래서 장로님은 엄마들을 대상으로 이 프로그램을 시작하신 거구나! 이렇게 말씀 안에서 키우려고 몸부림치는 가정들에게 하나님은 생명을 많이 보내고 싶으신가 보다.

주변에 홈스쿨링 하는 가정은 왜 자녀도 많고 입양도 많은지를 생각해본다. 그리고 보이지 않는 엄청난 영적 전쟁이 벌어지고 있는 이때에 특수부대처럼 하나님께서 말씀으로 훈련하여 키우는 아이들임을 깨닫는다. 이 어둠의 시대에 빛을 증거 하는 이들을 위해, 말씀암송으로 아이를 키우고자 하는 이들을 위해 내 아이뿐만 아니라 다른 아이들도 귀하게 여기면서 함께 기도해줘야겠다.

아, 길을 갈 때에도 이 말씀을 암송하고 강론할 수 있으니 얼마나 흐뭇하고 기쁜 일인가.

암송에
푹 빠진 엄마

너희가 내 말에 거하면 참으로 내 제자가 되고

진리를 알지니 진리가 너희를 자유롭게 하리라 _요 8:31b,32

이 말씀을 쉽게 풀이하면 진리의 말씀인 성경말씀을 사모하는 마음으로 암송하고 이를 주야로 묵상하며 그 말씀에 순종하여 말씀대로 살면, 누구든지 그 마음에 평화와 기쁨이 넘쳐서 근심 걱정은 깨끗이 사라지고, 참으로 마음속에서 우러나오는 자유를 누릴 수 있다는 것입니다.

말씀을 암송한다는 것은 결코 쉬운 일이 아닙니다. 그러나 말씀을 사모하는 마음은 크리스천이라면 누구나 가슴속에 있습니다. 다만 암송하는 방법을 알지 못하거나, 먹고살기가 바빠서 신앙생활을 오랫동안 성실히 해왔으면서도 막상 암송하고 이를 묵상할 겨를이 전혀 없다가,

하나님의 특별하신 은혜로 유니게 과정을 알게 되고 또 등록하여 1단계, 2단계 훈련을 받게 됩니다.

그래서 놀라운 은혜의 도가니에 빠지고 보면, 참으로 거듭난 기쁨과 감격을 체험하고 인생의 참 행복을 누리게 됩니다. 예수님의 말씀대로 기쁨과 감격으로 넘치는 자유인이 됩니다.

진미선 사모님은 유니게 과정 38기 1,2단계를 마치는 8개월 사이에 큰아들 성진(13세), 딸 하임(9세), 막내 아들 하진(7세) 삼 남매를 제6기 303비전꿈나무모범생으로 만들었을 뿐 아니라 암송가정예배 때 자녀들과 큐티를 함께하며 대화를 나누고 있습니다.

엄마는 왜 암송한 말씀을 복습해요? 2009년 12월 18일
어젯밤 시편 8편 1절을 복습하다가 갑자기 헷갈리는 부분이 있었다.

"주의 영광이던가, 주의 권능이던가?"

혼잣말로 중얼거리는데 성진이가 "주의 영광이잖아요"라고 말했다. 전에도 내가 말씀을 암송하다가 헷갈려 하면 알려주곤 했었다.

"어머, 너 그거 어떻게 알았니? 아직 안 외운 데잖아?" 하고 놀라워하자 "엄마가 매일 중얼중얼 복습하는 거 듣고 날마다 CD도 듣잖아요" 하고 대답하는 것이었다. 나는 깜짝 놀랐다. 나 혼자 중얼중얼 외우며 복습하는 걸 다 듣고 있었다니!

"성진아, 엄마가 중얼중얼 외우는 거 어때?"

"음… 엄마가 제2의 인생을 만났다고나 할까?"

"제2의 인생? 네가 그걸 어떻게 알아?"

"보세요. 사방이 말씀이잖아요. 화장실에 들어가서 고개만 들면 200절이 붙어 있고, 잠잘 때는 엄마 암송 소리가 자장가잖아요."

난 정말 놀랐다. 아이들은 안 보는 것 같아도, 안 듣는 것 같아도 어느새 볼 것 다 보고, 들을 것을 다 듣는다. 아이들의 눈과 귀에 부모의 삶이 24시간 노출되어 있다는 말이 실감 났다.

"엄마는 200절 다 외웠는데, 왜 매일 복습해요?"

"응. 그건… 성진이가 어떤 물건을 찾을 때 제자리에 있으면, 필요할 때 꺼내 쓰기가 좋지? 뒤죽박죽이면 시간도 오래 걸리고 결국 못 찾을 수도 있잖아. 말씀도 마찬가지야. 엄마가 너희랑 복습하고 또 엄마 혼자 복습하는 건 늘 말씀이 제자리에 있는지 확인하기 위해서야. 마귀의 공격을 받고 '마귀야 잠깐 기다려 봐. 지금 탐색 중인데 시간이 좀 걸리네. 뭐였더라…' 이럴 수는 없잖아? 봐. 엄마는 하루만 복습 안 해도 헷갈리잖아. 그래서 날마다 제자리에 있도록 정리하는 거야. 입에서 떠나지 않게 하고 주야로 묵상하라는 말씀, 오늘 외웠지? 그럴 때 성령님이 새롭게 깨닫게 해주셔."

요즘은 아이들과 여호수아서 1장 8절 말씀을 암송하면서 예배를 드리고 있다.

이 율법책을 네 입에서 떠나지 말게 하며 주야로 그것을 묵상하여

그 안에 기록된 대로 다 지켜 행하라

"성진아, 평탄하고 형통하게 살고 싶지? 그러면 그 안에 기록된 대로 다 지켜 행해야 하는데 그 안에 무엇이 기록되어 있는지 알아야 지키겠지? 그래서 입에서 떠나지 않게 하고 밤낮으로 중얼거리며 마음에 새기는 거야. 아는 만큼 지킨단다. 엄마는 다 알고 싶어. 예를 들어 이 땅에서 장수하고 싶으면 어떻게 해야 할까? 장수하게 해달라고 열심히 100일 기도 하면 될까?"

성진이가 한참 탐색하다가 출애굽기 말씀이 생각났는지 자신 있게 대답한다.

"네 부모를 공경하라. 그리하면 네 생명이 길리라."

"장사를 하는데 주일날도 하자고 유혹하면?"

이렇게 질문하자 같은 본문이라 그런지 대답이 빨리 나온다.

"안식일을 기억하여 거룩하게 지키라. 엿새 동안은 힘써… 주일은 안 되죠?"

"만약 종업원이라도 일 시키세요, 하면?"

"안 되죠. 남종이나 여종이나 가축까지도 아무 일 하지 말라고 했잖아요."

암송학교를 마친 후,《성경 통째로 먹다》를 읽고 많은 도전을 받았다. 책을 읽고 나니 통째로 먹고 싶은 갈망이 생겨서 먼저 3단계를 암송하기 시작했다. 일단 5단계까지 암송하여 기초를 쌓은 후, 성경을 통째로 암송할 계획이다. 만약 암송학교 교육을 받지 않았더라면 이 책에서 권유한 대로 하루 한 절씩 도전했을 텐데, 하니비를 만난 뒤로는 두 절씩 하는 게 전혀 어렵지 않다. 날마다 암송수첩에 기입하고 조그만 암송카드를 만들어 수시로 중얼거리며 다닌다.

아이들을 암송시킬 목적이 아니라 내가 재미있고 좋아서 암송하니까 아이들도 그 모습이 좋아 보이나 보다. 개별적인 엄마만의 암송 없이 아이들 위주로 암송을 시키다 보면 기쁨이 사라지고 암송이 나태해지는 걸 느꼈기에 일단 내가 먼저 암송에 푹 빠지기로 했다.

3단계 첫 스타트로 빌립보서 4장을 암송했는데 느낌이 새롭다. "내게 능력 주시는 자 안에서 내가 모든 것을 할 수 있느니라"(빌 4:13)라는 바울의 고백을 예전에는 내가 원하는 것에만 적용했는데, 암송하면서 바울이 비천과 배고픔과 궁핍 중에(빌 4:12) 자족의 비결을 배운 후 고백한 것임을 깨달았기에 마음이 숙연해졌다.

다음 주부터는 시편 19편을 외울 것을 생각만 해도 마음이 설렌다. 예전부터 좋아하던 말씀이다. 날마다 말씀을 암송하는 것이 평범한 삶에 큰 활력소가 되는 것을 경험하고 있다.

자기 전에 2단계 200절과 그동안 외운 빌립보서로 3단계를 복습한다. 아침에는 눈 뜨자마자 전날까지 외웠던 절 수까지 복습하고, 기대하는 마음으로 다음 말씀을 펼 때 기분이 상쾌해진다.

같이 암송했던 사람들이 묻는다.

"어느 정도 잊혀야 새로운 것이 들어오지 않나요? 꼭 날마다 복습해야 하나요?"

그러면 내가 주로 하는 말이 있다.

"200절을 어떻게 외웠는데요. 14주간 20만 원 들여 외웠는데 아까워서 어떻게 잊어버려요. 거의 100일을 투자했는데요."

"어머나. 한 절에 천 원씩이네. 아까워라. 나도 다시 복습해야지."

한 절에 천 원이 문제가 아니라 귀한 하나님의 말씀을 한 절이라도 놓치고 싶지 않기에 날마다 복습하고 새롭게 업그레이드한다. 나는 단순히 500절, 1000절 암송이 목표가 아니다. 그것은 시간이 지나면 이루어질 것이 아닌가. 하루하루 말씀을 먹으며 작은 소리로 읊조리는 그 시간만큼은 하나님께 주파수가 맞춰져 있기 때문에 그 자체가 행복이고 그 하루하루가 쌓이면서 말씀도 쌓이게 될 거라 생각하니 기쁘기 그지없다.

'말씀이 주야로 입에서 떠나지 않게 하며 날마다 업그레이드하기.'

나의 결심이다. 그래서 오늘도 암송한 말씀이 제자리에 있는지 정돈하고 새는 구멍이 없는지 살피고 날마다 그 위에 새로운 말씀을 쌓아가는 공사를 하고 있다. 하나님께서 그 말씀으로 나의 흐트러진 부분들을 정리해주시고, 잘라내야 할 부분들을 쳐주시고, 깨끗하게 해야 할 부분을 깨끗하게 해주셔서 언젠가는 튼튼하고 아름다운 집이 세워져 있을 것을 기대해본다. 완벽하신 주님의 설계도에 나를 맡기고 싶다.

현숙한 엄마 되기
지름길

10년이 넘도록 유니게 과정을 지속하면서 나는 엄마들이 매주 정성 들여 써내는 진솔한 암송일기를 통해 오늘의 한국 가정을 폭넓게 이해하게 되었습니다. 각 가정에서 엄마 한 사람이 감당하는 역할은 실로 말할 수 없이 큽니다. 한 집안의 며느리로서, 한 남편의 아내로서 그 역할 무게도 크려니와 어린 자녀들에게 하나님의 말씀을 암송시키기 위해 기억력이 약화된 상태에서 말씀을 암송하는 부담도 감내해야 합니다. 하지만 한 절, 두 절, 주의 말씀을 내 안에 모셔 들이는 말씀암송의 진미를 깨닫게 되면서 생각도 하지 못했던 하나님이 주신 기쁨과 평강을 누리며 놀라운 능력을 발휘하게 됩니다.

다만 적지 않은 엄마들이 자녀들의 마음을 깊이 이해하고 지혜롭게 이끌어가려는 마음보다 엄마인 자신의 뜻대로 순종하기만을 기대하다가, 그 기대가 어긋나면 참고 기다리지 못하고 당장 큰 소리로 야단을 치거나 엄한 훈계로 바로잡아가려는 모습은 너무나 안타깝습니다. 감사하게도, 엄마들이 유니게 과정을 함께하는 동안 말씀을 암송하면서 현숙한 엄마의 모습을 되찾아가고 있어서 기쁨과 보람을 느낍니다.

유니게 과정 35기 2단계를 이수한 대구 성덕교회의 김미현 성도님이 쓴 간증을 나눠봅니다.

내 안에 가득 차는 말씀 2010년 6월 21일

작년 이맘때쯤 처음으로 하나님을 알고 그분을 구주로 영접한 이래 하나님의 말씀에 대한 궁금증으로 부단히 말씀을 배우러 다녔다. 그렇게 1년쯤 되니 성경에 대한 지식은 많이 쌓인 것 같았으나 뭔가 비어 있다는 느낌이 들었다.

교회 사모님을 통해 성경암송학교가 시작되었다는 이야기를 듣고 바로 등록하여 둘째 주부터 참석했다. 잠꼬대로 말씀을 암송할 정도로 재미를 붙이게 되었는데, 내 입에서 하나님의 말씀이 흘러나오는 게 신기하기도 했다. 어떤 상황이 닥치면 내 생각, 내 염려, 내 걱정으로 속을 끓이는 대신 그 상황에 합당한 말씀이 생각나면서 기도하기 시작했다. 그런데 막연하게 내 생각으로 뭉친 기도가 아니라 하나님께서 약속하신, 살아 있는 말씀으로 기도를 하고 있는 게 아닌가. 할렐루야!

내 안이 말씀으로 꽉 차면 유년주일학교를 섬기고 싶다는 소망이 생겼다. 나의 자녀뿐만 아니라 하나님을 믿거나 아직 믿지 못하는 아이들에게 말씀암송을 가르쳐서 다음 세대까지 믿음이 전해지는 그런 아이들로 자랄 수 있도록 말이다.

말씀으로 아이 다독이기 2010년 6월 22일

막내 성현이가 학원에 가는 길에 고등학생이 엉덩이를 만지려고 하는 바람에 소리를 지르며 달아났다고 한다. 그 일로 많이 놀랐는지 혼자 학원에 가는 것이 무섭다면서 걱정했다. 4학년이나 된 녀석이라 어찌 하나 고심하는 가운데 암송했던 여호수아서 1장 9절 말씀이 생각났다. 그래서 대낮이기도 한 터라, 하나님은 성현이를 항상 지켜주시는 분임을 믿고 기도하면서 사람들이 많이 다니는 곳으로 가라고 말해주었다.

내가 네게 명령한 것이 아니냐 강하고 담대하라
두려워하지 말며 놀라지 말라 네가 어디로 가든지
네 하나님 여호와가 너와 함께하느니라 하시니라 _수 1:9

말씀을 암송한 다음 학원으로 보냈는데, "엄마! 말씀을 암송하면서 가니까, 하나님께서 나와 함께하시는 것 같았어. 조금도 안 무섭고 담대한 마음이 되었어"라고 말했다. 웃으며 말하는 성현이의 얼굴이 보름달처럼 밝았다.

할렐루야! 내 안에 말씀이 있으니 엄마 역할도 톡톡히 해낸 것 같아 어깨가 으쓱해지는 날이었다.

말씀으로 살아나는 부부 2010년 6월 23일

요새는 항상 성경암송노트를 들고 다닌다. 남편과 청도에 계시는 목사님을 뵈러 가면서 암송노트를 꺼내어 외운 말씀을 잊어버리지는 않았는지 확인했다. 말씀이 입에 쩍쩍 붙어 막히지 않고 술술 풀어대는 내 모습을 본 남편은 신기한 듯이 힐끔힐끔 나를 바라보았다. 나는 "자기도 나처럼 할 수 있어. 같이 해볼까?"라고 말하며 제법 으스댔다. 남편은 멋쩍어하면서도 내가 가르쳐준 하니비 암송법으로 잘 따라 암송했다.

청도까지 가는 동안 우리 부부는 서로 먼저 외우려고 진지한 태도로 열심을 내었다. 우리는 잘못 암송한 말씀을 고쳐주기도 하고 서로 독려도 하면서 시간 가는 줄도 모르게 즐겁고 재미있게 암송했다. 부부애가 새록새록 돈독해지는 느낌이 들었다. 남편 덕분에 이사야서 1장 18절부터 20절, 이사야서 14장 24절부터 27절 말씀을 다 외울 수 있게 되어 고마움을 느낀다.

예수님의 성품 닮기를 기대하며 2010년 7월 2일

새벽기도회에 다녀왔다. 심기일전하여 그동안 게을리 했던 새벽기도를 드리기로 작정하고, 이런저런 핑계로 미뤘던 암송예배를 아이들과 드리기로 했다. 그럴싸한 계획에 생각만으로도 은혜가 되었다. 그런데 새벽예배를 드린 후 잠깐 졸았을 뿐인데 눈을 떠보니 7시가 된 게 아닌가.

고등학생인 큰아들은 학교 갈 준비를 시켜야 되는데, 중학생, 초등학생 둘은 암송예배를 드리겠다고 잠이 덜 깬 모습으로 준비하고 있었다.

큰아들은 하나님을 영접하지 않은 터라 우리의 모습이 맘에 들지 않았는지, 학교 갈 준비를 하는데 신경 써주지 않는다고 짜증을 냈다.

나는 이러지도 저러지도 못한 채 수면 부족으로 머릿속은 멍하지, 아들은 학교 갈 준비 한다고 부산스럽게 쿵쿵거리지, 딸내미들은 졸린 눈을 비비며 원망하는 눈초리로 엄마를 주시하고 있지, 정말 여러모로 정신이 없어서 아침에 암송예배를 드리고 아이들을 말씀으로 무장시켜 학교에 보내려던 계획은 무너지기 일보직전 상황에 놓이고 말았다.

큰아들을 학교에 보낸 후, 딸아이들을 앉혀놓고 암송예배를 드렸는데 내가 경험했던 암송예배가 전혀 아니었다. 순간의 화를 참지 못한 나는, 형식적이고 마지못해 드리는 예배는 하나님께서 기뻐 받으시지 않는다고 으름장을 놓았다.

'아, 주여! 이놈의 성질은 언제쯤 죽어 주님처럼 인내와 오래 참음과 자비를 갖춘 마음으로 아이들을 기다리게 될까요?'

기도를 하고 나자 사탄이 아무리 나를 공격해온다 해도 여기서 그만 둘 것이 아니라 부족하고 어설프더라도 조금씩 조금씩 전진해야 한다는 생각이 들었다. 그러자 한결 마음이 가벼워지고 힘이 났다.

'하나님! 우리 아이들의 마음에 말씀이 새겨져서 다음 그다음 세대까지 믿음이 전수될 수 있도록 해주세요.'

하나님께서 해주신다 2010년 7월 6일

새벽기도회에 다녀온 후 며칠 전의 일을 떠올리며 딸아이들을 6시

10분쯤 깨웠다. 큰아들이 일어나기 전에 깔끔하고 여유 있게 암송예배를 드리기 위해 서둘렀는데, 오늘따라 큰아들이 같이 따라 일어나더니만 학교에 일찍 가야 한다며 서두르는 게 아닌가. 평상시에는 7시 정도되어야 일어났건만 6시 30분부터 학교 갈 준비로 설쳐댔다.

며칠 전의 아침 일이 재연될 조짐이 보였다. 나는 암송예배를 방해하려는 사탄의 짓이 틀림없다고 여기며 마음을 가다듬은 다음에 딸들을 향해 환하게 웃었다.

"오늘은 큰딸 수연이가 예배를 인도해보자. 잘하지 못해도 괜찮아. 하나님은 형식적인 것보다는 심령을 감찰하시는 분이잖아."

그러고 나서 엄마가 하던 것처럼 해보라고 부드럽게 말했다. 나는 큰아들의 등교 준비를 도와주는 사이사이 예배를 어떻게 드리는지 지켜보았다. 그런데 딸내미 셋이서 어쩌면 그렇게 예배를 잘 인도하는지 내가 없는 것이 더 은혜로워 보이기까지 했다. 저희들끼리 선곡한 찬양을 드리고 말씀 읽고 기도하고, 마지막에는 서로 암송을 먼저 하려 들다가도 순서를 정해서 진지하게 외우기까지 했다. 정말로 감사한 모습이었다.

'그래, 이렇게 하는 거야.'

큰아들도 기분 좋게 학교에 보내고 딸들은 말씀암송을 마친 다음, 아침을 먹고 씩씩하게 학교에 갔다.

말씀의 검으로 무장시켜 하루를 출발시켰다고 생각하니, 가장 중요한 하루 일을 해냈다는 뿌듯함이 밀려오며 "하나님, 감사합니다!" 하는 말이 절로 흘러나왔다.

정말 감사하다. 참으로 모든 게 감사하다. 하나님을 모르고 산 내게 하나님을 알게 해주신 것도 감사하고, 구원받은 것도 감사하고, 내 안에 말씀이 차곡차곡 쌓여 새겨지는 것도 감사하고, 무엇보다 아이들에게 그 말씀을 암송할 수 있도록 환경을 열어주신 하나님께 감사드린다.

말씀암송으로
이루는 변화

말씀암송은 왜 해야 하는 걸까요? 초창기 같았다면 저는 "산이 좋아서 산에 오른다"는 알피니스트들의 말처럼 "말씀이 너무 좋아서 말씀을 암송한다"라고 말했을 것입니다. 그러나 지금은 다릅니다. "사랑하는 자녀들에게 어려서부터 말씀을 먹이고 싶은 일념으로 젊은 엄마들과 교회학교 교사들로 하여금 말씀을 암송하도록 가르쳐서, 엄마들은 가정에서 어린 자녀에게, 교사들은 교회에서 어린이들에게 말씀암송을 체질화시키도록 하기 위해 내가 먼저 즐겨 암송한다"라고 말할 것입니다.

> 보라 자식들은 여호와의 기업이요 태의 열매는 그의 상급이로다
> 젊은 자의 자식은 장사의 수중의 화살 같으니
> 이것이 그의 화살통에 가득한 자는 복되도다 _시 127:3-5a

자녀의 수가 많을수록 더 좋을 것은 말할 것도 없거니와 어려서부터 말씀을 먹이는 일은 참으로 중요합니다.

암송은 가르친다고 말하기보다 먹인다고 표현하는 것이 합당하겠지요. 말씀암송의 유익은 참으로 놀랍습니다. 먼저 엄마가 변하고 자녀가 변하고 가정이 변하며, 나아가 교회가, 민족이, 세계가 변하게 될 것임을 확신합니다.

말씀을 암송한 어린 자녀의 의식은 정말로 아름답게 변합니다. 유니게 과정 44기 1단계와 41기 2단계를 수료한 대길교회의 변원미 집사님이 쓴 '네 공주 맘'에 관한 이야기를 나눠봅니다.

말씀암송으로 이루어지는 생활의 변화 2010년 7월 9일

1단계를 수료했을 때는 아쉬움이 컸는데, 2단계를 수료한 오늘은 기분이 다르다. 왠지 모를 기대감으로 차오른다. 다음 달에 있을 암송가족 캠프도 그렇고, 아이들과 드리는 암송예배 또한 생활화되었기에 그런 것 같다. 며칠 전 큰딸이 걱정하며 말했다.

"엄마, 우리 큰일 났어."

"왜?"

"할아버지하고 아빠 때문에 우리까지 망하게 되었어."

"왜 그런 생각을 하니?"

"나를 미워하는 자의 죄를 갚되 아버지로부터 아들에게로 삼사 대까지 이르게 하거니와… 성경에 그렇게 나왔잖아. 그러니까 할아버지, 아빠, 우리까지 벌 받는 거야."

"그다음 말씀을 암송해 봐."

"나를 사랑하고 내 계명을 지키는 자에게는 천 대까지 은혜를 베푸느니라(출 20:6)."

"네가 하나님을 사랑하고 하나님 말씀을 잘 들으면 하나님은 천 대까지 은혜를 베풀어주신다고 했으니 걱정하지 않아도 돼."

매일 가정예배를 드리고 있기는 하나 아직은 아이들이 수동적이다. 아이들이 말씀을 암송하기는 하지만 무슨 말씀인지 이해는 하는 것인가 궁금하기도 했다.

그런데 아이들은 암송하면서 그 말씀의 뜻을 생각하고 있었다. 말씀에 순종하지 않는 할아버지와 아빠가 천국에 가지 못할까 봐 자주 걱정한다. 그러고는 할머니한테도 그렇게 말했다고 한다. 할머니는 할아버지의 경우에는 교회 가서 예배를 드리기 때문에 하나님께서 구원해주신다고 설명했다고 한다.

어쩌면 아이들이 더 큰 믿음을 갖고 있는 게 아닌가 하는 생각이 든다. 아이들은 말씀을 100퍼센트 그대로 믿기 때문이다. 어른들은 말씀을 내 맘대로, 내가 믿고 싶은 대로 믿을 때가 더 많다는 생각이 든다. 내 상황에 맞춰서, 하나님께서도 이해해주실 거라는 안일한 생각으로 말이다.

암송학교 1,2단계를 수료하면서 내 생활은 암송에 빠져 있었다. 그러느라 가정생활에 좀 소홀한 측면도 있었다. 아이들과 남편의 먹을거리에 신경을 덜 쓴 탓에 남편의 마음을 상하게 한 것을 생각하면 많이 미안하다. 두 마리의 토끼를 잡을 수 없듯이 암송일기, 성경 쓰기에 열심을 내느라 집 안 살림을 소홀히 했던 것 또한 사실이다.

마지막 주는 과제 제출이 없기에 조금은 가벼운 마음으로 한 주를 보내면서 남편의 반찬을 신경 써서 준비하다가 남편 회사로 이슬비편지를 보내게 되었다. 내가 다른 사람들에게 이슬비편지를 쓰는 것을 보고 남편이 자기한테도 보내달라고 한 것이다.

나는 매일 내 십자가를 진다는 각오로 남편의 볼멘소리도 꾹 참고 견디다가, 남편이 나간 뒤에야 말씀묵상도 하고 애통한 마음으로 기도를 드린다. 믿지 않는 남편을 두고 아이들과 신앙생활을 하기에는 예상치 못하는 어려움도 많다. 남편을 제쳐두고 우리끼리 하나님만 찾는 것도 순리에 어긋나는 일이기 때문에 여러 가지로 지혜가 필요하다. 남편의 권위도 세워주면서 하나님 말씀에도 순종하는 지혜 말이다.

아이들이 많이 헷갈려 하는 것 같다. 엄마와 아빠의 신앙이 다르고 가치관이 다르기 때문이다. 그래서 하나님 말씀을 듣지 않는 아빠의 말을 무시하려는 경향이 없지 않아 있는 게 사실이다. 그전 같았으면 교육상 좋지 않다는 것을 알면서도 아이들과 같이 남편 흉을 봤을 텐데, 이제는 아이들에게 아빠의 입장을 충분히 설명해준다. 그러면 아이들도 알아듣고 하나님의 관점에서 아빠에게 이야기한다.

아직은 아이들이 말씀암송을 통해 많은 변화를 받았다고 생각하지 않는다. 하지만 하나씩 떨어지는 물방울이 바위에 구멍을 내듯 매일매일 암송가정예배를 쌓아가는 동안 아이들의 말씀 생활화가 이루어질 것을 기대하며, 오늘도 사모하는 마음과 즐거운 마음으로 말씀암송을 한다.

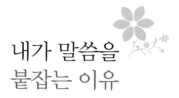

내가 말씀을
붙잡는 이유

말씀암송교육은 참으로 향기로운 꽃을 피우고 아름다운 열매를 맺고 있습니다. 성경암송학교 유니게 과정 1,2단계를 이수하면서 엄마들의 삶이 바뀌고 있습니다. 이제껏 경험하지 못했던 말씀암송의 기쁨과 감격을 누리게 된 것입니다. 비록 기초 단계이기는 하지만 묵상의 유익을 누리고, 무엇보다 자녀들에게 암송훈련을 시키면서 어린이의 무한한 능력을 발견하게 됩니다. 자녀 중심의 암송가정예배를 드리면서 자녀와의 관계가 부드러워지고 부부 사이가 좋아지는 등, 말로 다 표현하기 힘든 놀라운 변화들이 모든 가정에서 일어나고 있습니다.

유니게 과정 38기 1,2단계를 수강 중이던 하늘소망교회 강혜승 사모님(부군: 최재영 부목사)의 간증은 가정예배의 능력을 잘 보여줍니다.

말씀의 힘

1단계를 거쳐 2단계의 종강을 앞두고 있는 시점입니다. 가을 내내 성경암송학교에 푹 빠져 지낸 삼 남매 엄마의 이야기를 드리고자 합니다.

친한 언니가 같이 다니자고 해서 암송학교를 시작하게 되었어요. 좋다는 이야기는 많이 들었으나 확 끌리는 정도는 아니었습니다. 저는 13년에 걸친 교직생활을 정리하고 쉼의 시간을 갖고 있었거든요. 굳이 암송하지 않아도 충분한 은혜를 누리고 있다고 생각했기 때문에 망설이고 있는데, 언니가 가등록을 했다는 거예요.

'할 수 없지. 이렇게 하시는 걸 보니 주님이 원하시는 게 있나 보다.'

그렇게 아주 잔잔한 기대를 가지고 암송학교를 시작했지요.

말씀! 말씀이 살아 있다는 것을 저는 몰랐던 걸까요? 히브리서 4장 12절과 13절 말씀은 '정말로' 살아 있었어요. 말씀은 저를 기대하게 하고 저의 삶을 비우게 했으며 말씀으로 인해 감사하고 기쁘기도 했지만, 말씀 앞에 발가벗긴 나 자신을 볼 때 한없이 힘들기도 했답니다.

그러한 가운데 303비전성경암송학교에서 훈련하면서 우리 가족은 예배를 회복하게 되었어요. 믿는 부모이기에 '가끔은' 드렸던 예배. 그러나 바쁜 일상과 피곤한 삶 가운데 밀려나고, 아이들의 숙제와 공부에 밀려난 예배를 다시 붙잡기 시작한 이유는 부끄럽게도 "너희 자녀를 나의 제자로 길러야 한다"는 부모 된 사명을 깊이 깨달았기 때문이지요. 저는 깨달은 날부터 열심히 예배를 드렸습니다. 조급한 가운데서도 여유가 생기기를 구했고, 아이들에게 신앙훈련을 한다고 하면서 또 하나의 짐을 지우는 실수는 하고 싶지 않았습니다.

감사하게도 아이들은 잘 따라와주었고, 암송학교와 함께 가정예배도 더 풍성해지기 시작했답니다. 돌아가면서 인도하는 시간을 특권인 양 기다리는 아이들. 303비전 꿈나무송을 부르며 덩실덩실 춤을 추는 아이들. 어른들처럼 똑바로 앉아서 드리는 예배는 아니었지만, 예배는 분명 우리 가정의 중심이 되고 있었어요. 때로는 지겹게 느껴지기도 하고 때로는 안 드리고 싶을 때도 있는 예배시간을 잘 넘기며 우리는 주께 나아가고 있습니다.

예배를 회복하면서 저는 처음으로 알았어요. 아이들은 내가 가르쳐야 할 대상이 아닌 주님의 뜻을 함께 이루는 '동역자'라는 사실을. 그리고 무엇보다도 제일 큰 변화는 '나 자신'이 맞게 되었지요.

"숙제해라."

"공부해라."

"방 치워라."

이런 잔소리 대신 만날 중얼중얼 암송하는 엄마를 물끄러미 쳐다보면서, 아이들은 "우리 엄마가 변했어요!"라고 외치고 싶을 것입니다.

사교육의 욕심을 버리다

아이들을 키우면서 가장 고민스러웠던 것은 교육의 현실이었어요. 남들을 좇아가자니 무언가 잘못된 것 같고, 남들을 따르지 않으려니 내 자녀만 뒤떨어지는 것 같아 불안하고, 늘 신앙으로 아이들을 기른다고 하지만, 후자를 선택할 수밖에 없는 연약한 저에게 현실은 언제나 넘을 수 없는 산과 같았습니다. '어떻게 하면 내가 믿는 바, 아는 바대로 삶을 살아갈 수 있을까?' 하고 고민하던 제게 성경암송교육은 "주님이 기뻐하시는 삶은 이것뿐이라" 하고 알려주는 명쾌한 해답과도 같았지요.

제일 먼저 저는 안식일을 선포했어요. 부끄럽지만 저의 일요일은 밀린 공부나 하지 못했던 과제를 하는 날이었거든요. 그런데 그날을 다시 주님의 날, 곧 진정으로 안식하고 쉬는 행복한 날로 회복한 것이지요. 주(主)의 날을 주의 것으로 돌려드리고 나니 얼마나 좋던지요. 아이들은 이제 주일을 진정 사랑하게 되었어요.

또한 저는 아이들이 배우던 것을 한 달 여에 걸쳐 정리하기 시작했어요. 그동안 해오던 학습지를 내려놓고 영어학원을 내려놓았으며, 매일매일의 문제집을 내려놓았습니다. 또 일곱 살 막내는 유치원 생활을 정리하고 홈스쿨링을 시작했는데, 자녀교육에 있어서 중요한 것을 알게된 이상 더 지체할 이유가 없었지요. 신앙이 있는 원장님이 운영하는 좋은 유치원인데도 일곱 살이 배워야 한다는 한글, 한자, 영어 등에 아이가 지쳐가고 있었기 때문이에요.

날마다 하는 공부량을 줄이니 아이들에게는 여유 시간이 생겼고, 시간이 생기니 책을 읽게 되고, 예배 시작 시간도 점점 빨라졌지요. 이 모든 것은 아이들과의 대화 속에서 이루어졌고, 너무나 자연스럽게 편안하게 진행되었는데, 이것도 잡고 저것도 잘할 수 있기를 원했던 제게, 그럴 수 없다는 것을 깨달은 기특한 제게, 주님은 내려놓을 수 있는 용기를 주신 것 같았습니다. 이것은 주님의 지혜!

고백하건대 모든 것은 주님이 하신 일입니다. 부부에게 주신 소명과 비전을 발견하며, 삼 남매를 기르는 것을 '너의 사명'이라고 말씀하시는 주님의 음성에 저는 깜짝 놀랐습니다. 아이를 기르는 것도 사명일 수 있다는 것을 처음 알았어요. 참 바보 같았지만, 그랬습니다. 그렇게 열심히 살았으면서도 깨닫지 못했던 사명. 최재영, 강혜숭의 가정에 세 명의 아이들을 주시고, 그 아이들을 주님의 제자로 언약의 백성으로 기르라 하심을 알게 되면서 저는 아주 많이 울었습니다. 너무 부족해서, 그동안 아이들에게 너무 잘못해서, 엄마로서 용서를 구할 것이 너무 많아서, 그동안 헛된 길, 헛된 목표를 잡으라고 다그친 것이 너무 부끄러워서…. 그리고 누구보다도 제 변화를 기뻐해준 사람은 바로 남편이었습니다.

남편과 저는 아이들에 대해 어느 때보다도 얘기를 많이 나누었고, 함께 책을 읽으면서 주님이 어떤 교육을 원하시는지 토론했고, 그러는 동안 주님은 우리 부부에게 삼 남매를 제자 삼으라는 소명을 넘어 다음 세대를 양육해야 할 비전의 불빛을 보여주신 듯했습니다. 그래서 요즘 저희 부부는 기뻐하고 기대합니다.

신기할 만큼 삶의 곳곳에서 같은 음성으로 보여주시는 것들을 퍼즐처럼 맞추어보며 미래를 위해 기도하고 있습니다.

통째로 흔드시는 주님

우연처럼 시작한 암송학교였는데, 말씀이 살아서 나를 변화시키기 시작했음을 인정할 수밖에 없습니다. 주님은 살아 계셔서 나의 삶을 온전히 용광로에 녹여 다시 빚으시는 중입니다. 그러하기에 요즘 겪는 또 하나의 일들, 나의 상처와 마주 하는 일, 자녀를 키운다는 것은 과거와 현재와 미래를 함께 보는 일이라는 생각을 했습니다.

과거의 내 상처들이 치유되지 못해서 내 사랑하는 자녀에게 또 다른 상처를 입히는 현재를 살고, 내 부족함이 끝이 없어서 아이들의 미래를 한없이 염려하고 걱정하는 저는 바보 같은 엄마랍니다.

그러나 상처와 마주 할 수 없다면 주님이 원하시는 부모 되기를 포기해야 하겠지요. 또한 내 상처라는 이름으로 아이들을 양육함에 감사를 잃어버린다면, 그 또한 주를 온전히 믿지 못하는 것이 되겠지요. 그래서 저는 다시 말씀만 붙듭니다.

말씀만이 나를 한 걸음 한 걸음 나아가게 할 수 있으니까요. 그래서 오늘도 주님을 향한 마음을 지키며 어김없이 예배의 자리에 앉습니다.

아이들과 함께
깨닫는 말씀

　　자녀교육은 부모님의 삶의 모범을 통해 이루어진다고 강조합니다. 그럼에도 구체적인 대안이 없어서 갈등하는 크리스천 부모들이 많은 편입니다. 최근 들어 홈스쿨링에 관심을 가지고 기도하며, 자녀교육에 관한 독서로 열심을 내고 홈스쿨링 모임에 참석도 하면서 열과 성을 다하는 데 비해, 뚜렷한 방법을 찾지 못해 고민하다가 성경암송학교에 등록하는 젊은 엄마들을 보게 됩니다.

　　처음에는 막연한 기대를 가지고 왔다가 자신은 도저히 감당할 수 없다고 생각했던 말씀암송에 대해 유니게 교육을 받는 과정에서 하니비 암송법으로 암송훈련을 받고 숙제를 열심히 하다 보니, 자신조차 놀라울 정도로 1단계 7주에 100절을 암송하는 한편, 자녀들과 함께 암송을 하면서 날마다 자녀 중심의 암송가정예배를 드리는 사이에 자신이 먼저 밝게 변하고 남편의 생각과 행동이 바뀌고 부부관계와 자녀와의 관계가 부드럽고 친밀하게 되며, 자녀의 말과 행동과 기도가 달라지는 놀라운 경험을 하게 되는 것입니다. 그리고 무엇보다 불안히 여겼던 홈스쿨링에 자신감을 갖게 되기도 합니다.

유니게 과정 39기 2단계를 마친 평택대학교회 여정민 사모님(부군: 조상열 부목사, 현지 6세, 현서 5세, 현문 3세)의 이야기입니다.

말씀암송 CD는 힘이 세다 2010년 4월 28일

아침에 일어날 때나 잠자리에 들기 전, 장소 불문하고 수시로 아이들에게 암송 CD를 들려준다. 그런데 오늘 갑자기 현서가 2단계 "백성은 멀리 서 있고 모세는 하나님이 계신 흑암으로 가까이 가니라"(출 20:21) 말씀을 암송하는 게 아닌가. 완벽하지는 않았지만 내가 암송시키지 않은 말씀을 스스로 암송하는 것을 보고 암송 CD의 힘을 새삼 절감했다.

하나님의 인도하심 2010년 4월 29일

나는 믿지 않는 가정에서 자랐다. 그래서 내가 사 대째 예수를 믿는 기독교 집안의 사람과, 그것도 신학을 공부하고 목사가 될 사람과 결혼한다고 했을 때 맞닥뜨려야 하는 반대는 무척 컸다. 하지만 하나님의 은혜로 결혼에 이르러 시댁 식구들과 함께 살고 있다. 말씀암송으로 아이들을 양육하는 것을 시댁 식구들이 얼마나 반기는지 모른다. 내색은 안 하셨으나 믿음의 뿌리가 없는 나를 며느리로 받아들이기 쉽지 않으셨을 시아버지께서도 아이들이 말씀암송을 할 때 무척 기뻐하시고 특별 용돈을 주시며 많은 격려를 해주신다.

오늘도 할아버지와 고모들 앞에서 암송을 하고 자신감을 얻은 현지를 보면서, 믿음의 가정에서 아이들을 양육하게 해주신 하나님께 감사를 드린다.

말씀으로 훈계하기 2010년 4월 30일

현서가 하는 말을 현지가 계속 장난으로 따라 한다고 현서가 속상해서 운다. 예전 같았으면 장난치며 동생을 울리는 현지에게 화를 내며 큰소리로 혼냈을 것이다. 하지만 303비전성경암송학교 카페에 올려진 어느 집사님의 간증 사례를 적용하여 현지에게 조용히 마태복음 7장 12절 말씀으로 훈계했다. 엄마인 내가 화를 내지 않아도 되고 아이들에게 상처를 주지 않아도 되니, 어떤 세상적, 전문적 양육법과도 비교되지 않는 최고의 양육법이란 생각이 들었다. 데살로니가전서 2장 13절 말씀처럼 이 말씀이 또한 양육의 현장에서도 살아 역사하는 것 같다.

하나님, 먼저 드세요 2010년 5월 1일

"꼭꼭 씹어요. 냠냠냠⋯ 친구들과 맛있게 먹자. 잘 먹겠습니다. 선생님, 먼저 드세요."

유치원에서 부르는 간식송이다. 현서가 간식을 먹기 전에 이 노래를 "하나님, 먼저 드세요. 선생님, 먼저 드세요. 엄마, 아빠, 먼저 드세요"로 바꿔 불렀다.

갑작스러운 개사(改辭)에 웃음이 나왔다. 내가 웃으니 현서도 덩달아 웃는다. 말씀암송예배를 드린 이후로 최고 우선순위는 하나님이시라는 생각이 자연스럽게 자리 잡아가고 있는 듯하다.

좁은 문으로 들어가기 2010년 5월 2일

교회 차를 놓쳐 쌍둥이 유모차에 현서, 현문이를 태우고 현지와 걸어서 교회에 갔다. "하나님, 좋은 날씨를 주셔서 감사합니다"라고 고백하며 시편 8편을 아이들에게 들려주었다. 무당벌레를 발견하고 좋아하는 현지, 현서에게 하나님께서 너희들을 아주 많이 사랑하셔서 예쁜 곤충들도 만들어주셨다고, 모든 것을 창조하신 하나님을 찬양하자고 말했다.

어느새 평택대학교 후문에 다다랐다. 차량이 통과하는 큰 문은 닫혀 있고, 옆에 위치한 작은 문만 열려 있었다. 쌍둥이 유모차가 큰 까닭에 그 문으로 들어갈 수 있을지 염려하는데, 현지가 "좁은 문으로 들어가라"(마 7:13)고 말하는 것이 아닌가. 이때를 놓칠세라 문을 통과하면서, 좁은 문으로 들어가는 것은 힘들지만 말씀암송과 기도를 열심히 하면 생명으로 인도하는 문으로 들어가게 된다고 말한 다음, 그 말씀을 암송했다. 사물을 보고 하나님의 말씀을 떠올리는 현지를 보며, 이것이 바로 말씀암송으로 양육할 때 누릴 수 있는 참 기쁨이자 보람임을 깨달았다.

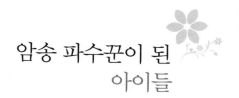

암송 파수꾼이 된 아이들

'일체유심조(一切唯心造)'란 말을 나는 즐겨 씁니다. 모든 것은 마음 먹기에 달렸다는 말이지요. 한여름에 "덥다, 덥다" 말하면 더위를 더욱 타고, "우아, 따뜻하다" 말하면 같은 더위지만 따뜻하다는 느낌이 들거 든요.

사랑하는 자녀에게 말씀을 먹이기 위해 엄마가 먼저 그 말씀을 암송 하다 보면, 엄마가 먼저 은혜를 받는 경우를 많이 봐왔습니다. 그렇게 되 면 엄마가 짜증을 내는 일이 줄어들거나 아주 없어지게 됩니다. 저기압 이 자주 흐르던 가정의 분위기가 웃음소리와 암송 소리로 맑고 밝아집 니다. 자녀들은 엄마를 더 좋아하게 되고, 아빠도 새삼스러운 행복을 느 끼게 됩니다.

말씀암송을 우선순위로 삼는 진미선 사모님의 일기를 소개합니다.

말씀암송으로 특별해진 하루 2010년 7월 17일

말씀암송을 시작한 후로 평범한 하루하루가 내게는 왠지 모를 기대감과 뿌듯함으로 가득 차는 것을 느낀다. 말씀이신 하나님으로 내 안이 채워지기 때문이겠지. 말씀이신 하나님이 너무 좋다고 행복하다고 사랑한다고 고백하면 하나님은 여러 통로로 선물도 주시고, 여러 사람을 통해 다양한 방법으로 답해주셨다.

그러나 내가 사랑 고백을 하면 왜 하나님께서 바로바로 답해주시는지 정확한 이유는 몰랐다. 그저 말씀이신 하나님이 내 안에 풍성해져서 그럴 거라고 생각했다. 그러다가 그동안 모르고 살았던 내 안의 상처와 직면하게 되었다. 바로 거절감에 대한 두려움이었다. 사랑받을 수 있을까? 내 모습 이대로 받아들여질까? 아마 사랑스러운 여인이라는 닉네임도 그래서 붙은 것 같다. 늘 사랑받기 위해서 뭔가를 열심히 해야만 할 것 같았고 혹시나 거절당하면 많이 힘들어했다.

이로 인해 완벽주의와 열등감도 생겼다는 것을 깨닫게 되었지만. 나도 몰랐던 내 상처를 아시기에 하나님은 내가 사랑 고백을 하자마자 바로바로 응답해주셨다. 내가 무안해하거나, 실망할까 봐.

나는 선한 목자라 나는 내 양을 알고 양도 나를 아는 것이
아버지께서 나를 아시고 내가 아버지를 아는 것 같으니
나는 양을 위하여 목숨을 버리노라 _요 10:14,15

나의 살아온 날을 아시고 내 안의 상처를 아시기에 지난 10개월 동안 내가 사랑 고백을 할 때마다 "너는 나의 기쁨이야. 네 모습 그대로 사랑스러워"라는 메시지를 그렇게도 신속히 내게 보내주셨다는 것을 깨닫고 한참을 울었다. 그러면서 또 한 가지, 그런 나를 아시기에 14년 전에 주님과 가장 닮은 온유하고 겸손한 남편, 인격적이고 자상하고 내면이 건강한 남편으로 하여금 나를 평생 가까이에서 돌보도록 배려해주신 것도 알려주셨다.

'그래서 내가 결혼하고 나서 예전보다 훨씬 좋아졌구나!'

결혼 전 나를 알던 사람들은 지금의 내 모습이 훨씬 더 좋아 보인다고 말한다. 나를 너무나 잘 아시는 주님은 진정 나의 선한 목자이셨다. 지하철 안에서도, 설거지를 하다가도 이 주님을 생각하면 눈물이 핑 돌면서 코끝이 찡해온다. 예전에는 내 목숨이 더 소중했는데, 지금은 말씀이신 하나님이 내 목숨보다 더 소중하다는 고백이 가슴 깊숙한 곳에서 올라온다. 남편에게 "여보, 나 이러다가 순교하는 거 아냐?" 했더니 순교는 최고의 복이란다. 하지만 누구나 순교할 수 있는 건 아니기에 순교자의 마음으로 살라며 나를 토닥여주었다. 그만큼 내 마음이 하나님을 사랑하게 됐고, 영원한 나라에 대한 소망이 확실해졌고, 사랑을 표현하고 싶어졌다는 뜻이다. 그래서 요즘은 그 하나님이 너무 좋아 보답하는 마음으로 더 열심히 암송한다. 전날 부모님을 뵙고 올라오는 길에 차 안에서 두 시간 동안 복습했다.

암송을 다 마치고 나니 수지였다. 아이들은 270절, 나는 625절. 끝까지 들어준 남편이 고맙다. 복습용 자료를 만든 뒤로는 집에서나 밖에서 복습하는 게 훨씬 수월해졌다.

신기한 일은 마침 시편 24편을 복습하고 있는데 배경 찬양이 〈문들아 머리 들어라〉였다. 어떻게 그 순간 딱 맞았는지 정말 신기했다. 이것도 하나님이 내게 보내주시는 메시지였을까?

우리 가족의 암송예배와 복습 현황

아이들과 암송예배를 드린 후 먼저 물 한 잔을 마신 다음 1단계를 복습한다. 그리고 누룽지 한 조각씩 먹고 다시 2단계 돌입, 2단계를 마친 후 전날 먹다 남은 식빵 한 조각씩 먹고 다시 3단계 돌입, 3단계를 마치고 성경 읽기와 쓰기를 마치면 한 시간 30분쯤이 소요된다.

하진이는 130절 복습을 마친 다음 웬일인지 신이 나서 한 번 더 복습했다. 먹는 게 즐거웠나 보다.

처음에는 한꺼번에 3단계까지 쭉 복습했는데 아이들이나 나나 진이 빠져서 그다음 스케줄을 진행할 수가 없었다. 그래서 요즘은 사이사이 간단한 간식을 먹으면서 즐겁게 복습한다. 텃밭에서 딴 오이 몇 조각, 주스 한 잔, 영양제 한 알, 고구마, 미숫가루. 아이들 스스로 신 나게 예배 드리고 복습한 날은 용돈 체크 표에 동그라미를 쳐준다. 기본 용돈에다 200원을 더하는 것도 잊지 않는다. 참고로, 수요예배와 금요기도회 같은 주중 예배를 잘 드리거나, 암송예배 및 복습을 잘한 날, 성경 쓰기, 읽기를 성실히 하면 짭짤한 수입을 얻을 수 있다.

일명 아빠의 빅 머니랄까? 아빠의 권위를 세워주기 위해 용돈은 특별히 아빠가 준다.

엄마의 암송 파수꾼

내가 암송을 지속할 수 있도록 불꽃같은 눈으로 지켜보는 암송 파수꾼이 있는데 바로 큰아들 성진이다.

며칠 전 어쩌다가 아이들이 없는 데서 복습을 하고 있는데 느닷없이 성진이가 "엄마가 요즘, 예전처럼 암송을 즐겁게 안 하시는 것 같아요"라고 말하는 게 아닌가. 어찌나 놀랐는지. 보통 3단계까지는 아이들과 함께하고, 4,5단계는 오후에 틈나는 대로 6,7단계는 잠들기 전에 한다. 내가 밤마다 핸드폰 불빛을 의지하여 중얼중얼 읊조리는 소리를 아이들이 자장가로 즐기고 있는 줄 몰랐다. 6,7단계는 가끔 막히는 부분이 있어 핸드폰을 켜가며 커닝한다. 나는 몰랐지만 이게 아이들에게는 기쁨이었고 영적 안정감을 줬나 보다. 정말 아이들은 다 보고 있었다. 엄마가 복습을 제대로 하는지, 슬렁슬렁하는지를. 난, 아니라고, 네가 잠들어서 못 보고 못 들은 거라고 말했지만, 이 일을 계기로 이제는 꼭 아이들이 있는 데서 보란 듯이 들으란 듯이 중얼중얼 암송한다. 내가 핸드폰 불빛을 의지하여 복습하자 안쓰러웠는지 성진이가 손전등을 가져다주었다.

이런 아이들이 있어서 내가 지금까지 말씀암송을 지속할 수 있었기에 한 명도 아닌 세 명의 아이들을 확실하게 묶어주신 하나님께 감사드린다.

"엄마, 우리 작년에 암송학교 안 갔으면 지금 어땠을까요? 옛날과 똑같았겠죠? 정말 다행이에요."

하임이가 말했다.

"그래, 하임아. 정말 다행이다."

소중한 아이들과 함께 동일한 말씀을 읊조리며 말씀이신 하나님과 매일매일 동행할 수 있는 기쁨을 주신 하나님! 사랑하고 감사합니다.

암송가족
삼 대

　사람은 본래 남의 비밀을 알고 싶어 하는 존재인지도 모릅니다. 어렸을 때의 기억이 생생합니다. 특히 누나가 시집가던 날 밤에 일어났던 일이. 우리 집 큰 마당에서 혼인예식을 마치고, 많은 일가친척 동네 아줌마들은 밤이 오기만 기다렸다가 첫날밤의 신방에서 일어나는 비밀을 엿보기 위해 깨끗이 새로 발라놓은 방문 창호지에 침을 발라 소리 없이 구멍을 뚫어가며 숨을 죽인 채, 그 구멍으로 서로 번갈아 들여다보던 모습들이 지금도 기억납니다. 촛불 아래에서 신랑, 신부가 어떻게 무슨 말로 서로 대화를 나누며, 마침내는 촛불을 끄고 어떻게 신방을 차리는가를 엿보기 위하여 그리한 것이지요. 거의 관례로 되어 있어서 아무도 이를 이상히 여기지 않았습니다.

　그와는 좀 다르지만, 암송학교의 숙제로 써내는 엄마들의 암송일기를 읽을 때 즐거움도 크고, 그 진술한 글을 통해서 각 가정의 부부 갈등 및 엄마와 자녀 사이에 주고받는 사랑, 교육, 순종, 엇박자 등을 이해하는 데 도움을 받고 있습니다. 그래서 매주 303비전맘들에게 그 진술한 비밀을 나누고 있답니다.

유니게 과정 45기 1단계를 수료한 수지영락교회의 고향 사모님(부군: 유정상 부목사, 유별 6세, 유빛 3세)의 일기 세 편을 소개합니다.

나를 울리는 깨달음 2010년 5월 20일

오늘 아침까지 망설였다.

'23개월 된 장난꾸러기 아이를 들쳐 업고 용인에서 서울까지 갈 수 있을까? 가서는 제대로 참여할 수 있을까? 이도 저도 아니고, 애나 나만 고생하고 오는 건 아닌가?'

여러 생각으로 결정을 못한 나날이었다. 그런데 갑자기 꼭 가야겠다는 생각이 들었다. 9시 전에 나가야 제시간에 도착할 수 있다. 부리나케 나가려는데 집 열쇠가 없어졌다. 정신없이 구석구석을 뒤지며 열쇠를 찾기 시작했다.

'하나님! 저, 살기 위해 가려는 거예요. 꼭 찾아서 오늘 참석하게 해 주세요.'

나의 중심을 잘 아시는 하나님께서 나를 꼭 303비전성경암송학교에 보내길 원하셨는지 열쇠를 곧 찾을 수 있었다. 그렇게 정신없이 출발해 온갖 교통수단을 이용하여 겨우 행복한교회에 도착했다.

본당을 가득 메운 아기들과 엄마들. 예배시간이든 세미나를 들으러 갈 때든 모자실을 찾거나 이리저리 눈치를 봐야 했던 애 엄마들에게 본당이 이토록 자유로운 공간이 되다니. 마음 편히 엄마들이 배울 수 있도록 암송학교 유니게 과정을 만들어주신 것에 감사했다.

책을 읽으면서 '내가 참말로 늙은이구나. 장로님이야말로 진짜 청년이시다' 하고 생각했는데, 역시 장로님은 책으로 만난 그 청년과 일치하셨다. 장로님의 청년 기운을 나도 받아서 정말 젊어지고 싶다. 우선 장로님이 가르쳐주신 목 마찰, 곧 목주름 없애기 700번을 열심히 해야지.

드디어 암송시간이 되었다. 아이들이 이리저리 돌아다니는 가운데 아이 우는 소리와 웃는 소리, 아이 달래는 소리, 말씀암송 소리가 섞여서 애 엄마들 아니고서는 절대로 정신 차리고 암송할 수가 없었다.

'역시 엄마는 대단하구나!'

손을 들고 소리를 내어 고린도전서 13장 1절을 암송했다. 두 번 정도 반복했을까? 인도하는 실장님이 목소리가 작다며 더 크게 암송하라고 독려했다. 큰 소리로 암송하는데 "내가 사람의 방언과 천사의 말을 할지라도 사랑이 없으면 소리 나는 구리와 울리는 꽹과리가 되고"라는 말씀이 갑자기 내 입에서 나가자마자 내 귀로 쩌렁쩌렁 메아리가 되어 돌아오는 게 아닌가!

주체할 수 없는 눈물이 쏟아지면서 들려오는 말이 있었다.

'향아! 사랑 없는 네가 참으로 시끄럽구나. 소리 나는 구리와 울리는 꽹과리같이 네가 참으로 시끄럽구나.'

가정 안에서, 엄마로서 아내로서 사랑 없는 훈계와 잔소리로 온갖 불만과 불평을 내뱉었던 내 모습이 보인 것이다. 벌거벗은 것처럼 너무 창피하고 부끄러웠다. 오늘 암송학교에 온 첫날, 하나님께서는 나의 실체를 드러내셨다. 내가 어떤 존재인지 말이다. 하나님 없는, 사랑 없는 나는 아무것도 아니라는 것을.

시끄럽고 쓸데없는 소음으로 가득 찬 나를 하나님께서 말씀암송 시간을 통해 어떻게 성장케 하시고, 그분의 아름다운 소리로 채우실지 믿음으로 소망하며 나아가련다.

하나님나라의 소망으로 자라기 2010년 5월 24일

안 그래도 말을 많이 하는 우리 딸. 그리고 딸의 말을 잘 들어주지 않는 엄마. 암송을 가르치는 사이에 이전보다 말이 더 많아졌다.

"엄마, 구제가 뭐야?"

"불사르게 내어주는 게 뭐야?"

"유익이 뭐야?"

뭐야? 뭐야? 질문이 많아짐과 동시에 대화시간 또한 점점 길어진다. 반면 엄마인 나는 힘이 딸린다.

딸은 밤마다 암송하면서 엄마랑 대화하는 게 좋아 죽겠나 보다. 너무 피곤해서 오늘은 암송을 안 하고 그냥 자려 하는데 나를 흔들어대며 암송하자고 조른다. 그런 딸에게 무뚝뚝하게 "3절" 이러는데도 무척 좋아하며 곧바로 "3절!"이라고 말한 뒤 손을 들고 신 나서 이리저리 구른다.

'그래. 그렇게 평생 하나님 말씀을 사랑하는 아이로 자라다오. 네가 하나님나라의 소망이고 기쁨이다.'

나는 살며시 미소를 지었다.

대를 잇는 말씀암송 2010년 5월 25일

"호호호."

웃음만 나온다. 기특한 내 딸. 아이를 재우면서 고린도전서 13장 5절을 암송하는데 "엄마! 나중에 엄마가 할머니가 되고 내가 나중에 엄마가 되면, 나도 아기 낳아서 이렇게 말씀암송 가르쳐야지" 하고 말했다.

'303비전이 우리 가문을 통해서도 이루어지겠구나.'

스스로 이런 생각이 든 것을 보면 말씀암송시간이 즐거운가 보다.

"우리 딸 최고!"

내가 칭찬하며 예뻐해주었더니, "그런데 엄마. 엄마도 어렸을 때 할머니한테 암송 배웠어?" 하고 물었다.

"아니. 그때는 유니게 암송학교가 없었어. 그러니 넌 복 받은 거야."

비록 내가 한 말이지만 이 시대에 태어난 게 복이다.

딸아, 네 유년 시절 엄마와 함께 말씀암송 했던 것이 가장 기쁘고 즐거운 기억이 될 수 있도록 더욱 신 나고 재미있게 암송하자. 후손 대대로 말씀으로 견고히 신앙이 세워질 우리 가문을 생각하니 참으로 뿌듯하구나. 이 엄마가 할머니 되었을 때 우리 삼 대가 같이 암송하자꾸나.

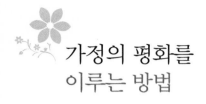

가정의 평화를
이루는 방법

　세련된 사랑의 훈련을 받고 새 가정을 이룬 경우는 극히 드물다고 하
겠지요. 따라서 신혼가정마다 예기치 못한 아픔과 갈등으로 속앓이를 하
느라 힘든 가정이 많습니다. 하나님의 사랑 안에서 어려서부터 잘 훈련
된 기독교 가정이라 하더라도 개성과 생활양식과 식생활, 취미생활, 문
화생활이 전혀 다른 두 남녀가 첫사랑의 일정 기간을 지내고 나면 자아
와의 싸움에서 지치는 경우가 많습니다. 그런 가운데서도 하나님의 말씀
을 암송하고, 날마다 암송가정예배를 드리는 가정이 늘어나면서, 하나님
중심의 의식 구조가 조성되고 있어서 얼마나 바람직한지 모릅니다.

　유니게 과정 43기 1단계를 마친 천안천성교회 홍성은 집사님은 교육
당시 303비전 슈퍼 신인류 사랑이를 잉태한 상태에서 다음과 같은 암송
일기를 썼습니다.

결혼 3주년 기념일 303 2010년 3월 3일

오늘은 암송학교도 3주째요 결혼 3주년 기념일인 3월 3일이다. 의미를 부여하자면 303비전 암송은 303 우리 결혼기념일과 함께 303이다. 많은 일들(기쁨과 시행착오)이 스쳐 지나간다.

우리가 함께한 지는 3년밖에 되지 않았지만 지금까지의 시간들을 통해 주신 은혜는 각자가 하나님 앞에 바로 설 때 진정한 사랑을 이룰 수 있다는 것이었다. 나에게 맞추려고 나에게 소홀했다고 다투기도 하며 '사랑'이란 단어가 우리 관계에 가득하길 바라는 마음이 진정 사랑이라고 생각한 적도 있었더랬다. 그렇지만 하나님 없이는 헛것일 뿐!

서로 사랑해서 결혼했지만 우리를 지으시고 부부로 맺어주신 하나님 앞에서 우리 신앙이 바로 세워져야 했고, 주께 받은 사랑으로 서로를 섬기며 살아감이 진정 주 안에서의 사랑이라는 것을 깨닫게 된 날이었다.

함께 암송하고 싶은 마음은 굴뚝같았지만 주일만 간신히 쉬고 월요일부터 토요일까지 7시에 나가 11시에 퇴근하는 남편에게 무리인 듯싶었다. 그리고 갑작스러운 4개월 기간의 중국 출장 통보에 순간 멍해졌다. 요즘 임신 중이라 더더욱 힘든데….

그렇게 며칠이 지나고 나자 하나님께서 귀한 마음을 주셨다. 결혼 3주년을 맞이하여 서로 떨어져서 각자의 시간을 가짐으로써 신앙 회복의 기회를 주실 것이란 믿음 말이다. 사실 하랑(14개월)이를 재우고 시간이 있지만 늦은 저녁 둘이 있으면 혼자만의 조용한 묵상 시간을 갖기 어렵다. 그래서 그 마음에 힘을 얻어 신랑에게 떨어져 있는 동안 암송을 각자 열심히 해서 출장을 마치고 다시 만나는 날 100절을 암송하자고 말했다. 100절 암송을 3년 선물로 안겨달라고 하자 남편은 "그래, 좋아"라고 답했다.

'부담될까 봐 조심조심 제안했는데 너무 쉽게 오케이를 하네… 흠.'

모든 게 하나님의 은혜다. 4개월 뒤 손을 잡고 100절을 암송하는 귀한 일을 소망하며 기도한다.

'주님! 역사하시어 이루어주시고 주님 말씀을 통해 놀라운 일들을 보여주소서.'

하나 되는 가정암송예배 2010년 3월 7일

우리 가정은 주말이 되어야 함께 예배드릴 수 있다. 회사의 일이 덜 분주해져서 가정예배를 매일 드릴 수 있기를 간구하며 예배를 시작했다. 우선 303비전 주제가를 부르고, 그다음 꿈나무송까지 불렀다. 남편이 처음에는 어색해하더니 조금씩 적응되었는지 화음까지 넣는다. 하랑이도 좋은지 중간 중간 박수까지 치며 찬양을 드렸다.

암송할 때 남편은 읽고 난 외워서 하려고 시작했는데, 남편의 상황을 고려하여 고린도전서 13장 1절부터 3절만 함께 외웠다.

하랑이는 엄마, 아빠가 마주 보고 외우는 게 신기한지 엄마, 아빠를 두리번두리번 쳐다본다. 그런데 오호! 우리 남편, 알려주지 않았는데 하니비 암송법으로 암송하는 게 아닌가?

"어떻게 알았어?"

"뭘?"

"하니비 암송법."

"원래 말씀은 이렇게 외우는 거야."

"오, 대단한데!"

나는 암송학교에서 배워서 아는데 배우지 않고도 잘한다고 칭찬해주었더니 기분이 좋은지 어깨에 힘이 들어가고 함께 눈을 마주 보며 첫 암송을 했다. 하나님께 정말 감사하다.

'하나님! 우리 가정에 말씀이 떠나지 말게 하시며 날마다 주를 경외하게 하소서.'

하나님은 21세기의
요게벳을 찾고 계신다

세계사는 남자가 쓰고 그 남자는 아내가 이끈다고 한다. 여자는 약하나 어머니는 강하다고도 한다. 결국 어머니가 세계 역사를 쓴다고 할 수 있겠다. 여자는 위대하다. 어머니는 더 위대하다. 세계위인전기를 읽어보면, 위인들은 한결같이 훌륭한 아버지의 영향을 받고 자라기도 하지만 훌륭한 어머니의 영향력을 더 많이 받는다는 것을 알 수 있다.

자녀를 기도와 사랑과 말씀으로 키우는 어머니는 참으로 존귀하다. 프로이드에 의하면 모든 사람은 세 살 이전에 성품이 정해진다고 한다. 그러나 크리스천 엄마 중에 말씀암송태교로 낳은 아이들을 보면, 같은 형제자매라도 암송태교를 하지 않고 태어나서 자란 아이들과는 너무나 다르다고 한다. 잘 울지 않고, 잘 웃으며, 한 번도 깨지 않고 초저녁부터 아침까지 새근새근 잘 자기 때문에 키우기가 수월하다는 것이다. 후천적인 훈련에 의한 성품 만들기도 중요하지만 말씀암송태교로 선천적인 온유한 성품 만들기에 힘쓰는 것이 지혜라 하겠다. 인격적으로 존경을 받을 만한 인물 중 많은 사람들의 배후에는 훌륭한 어머니들이 있고, 그 인물은 태교와 기도와 사랑으로 양육되었음을 알 수 있다.

성경에서 그런 엄마들에 대해 묵상하는 가운데 모세의 어머니 요게벳이 먼저 떠올랐다. 400여 년의 노예생활에서 이스라엘을 건져내는 데 주역을 맡았던 모세의 어머니 요게벳에 관해 성경은 지극히 간략하게 언급한다.

아므람의 처의 이름은 요게벳이니 …
그가 아므람에게서 아론과 모세와 그의 누이 미리암을 낳았고 _민 26:59

이 말씀을 포함하여 출애굽기 2장 1절부터 10절까지와 6장 20절 말씀을 살펴보면 그 핵심은 다음과 같다.

모세가 태어날 무렵, 애굽에는 비상이 걸렸다. 애굽의 노예인 이스라엘 사람들의 수효가 급증했기 때문이다. 애굽 왕 바로는 그대로 두었다가는 무섭게 늘어날 것이 분명한 이스라엘 백성들이 일으킬 수도 있는 반란을 두려워했다. 만일 다른 나라와 전쟁이 일어났을 경우, 이스라엘 백성이 애굽을 배신하고 적의 편에 서면 큰일이라 생각하여, 이스라엘 산파들을 시켜 이스라엘 신생아 중 남자아이이거든 은밀히 죽이라고 했다. 그러나 이러한 명령이 제대로 시행되지 않자, 이스라엘 사람이라면 누구든지 남자아이를 낳으면 무조건 나일 강에 버려야 한다는 엄명이 떨어지고 말았다.

이러한 때에 애굽 땅에는 요게벳이라는 지혜롭고 경건한 이스라엘 여인이 살고 있었다. 정통파 레위 족속의 딸인 요게벳은 모세를 낳고 얼마나 고심하며 간절히 기도했을까. 성경은 이에 대해 비교적 간략하게 기록하고 있지만 자신이 낳은 달덩이 같은 아들을 나일 강에 던지기가 쉬웠겠느냐는 말이다. 그러나 애굽의 노예로 사는 처지에서 갓난 아들을 죽이지 않고 키운다는 사실이 발각되는 날에는 아기뿐 아니라 맏아들 아론과 딸 미리암을 포함한 온 가족이 전멸당하는 비극을 겪을 수 있었다. 결국 밤새워 하나님께 부르짖을 수밖에 없었을 것이며 이에 대한 하나님의 음성을 들었을 것이다.

그래서 요게벳은 갈대상자에 물이 스며들지 않도록 역청과 나무진을 단단히 발랐다. 그렇게 보금자리의 안전을 충분히 기한 다음, 의복으로 아기의 보온성을 높여주었을 것이다. 나일 강물에 갈대상자가 속절없이 떠내려가지 않도록 갈대밭 사이에 띄운 다음, 딸 미리암을 시켜서 일어날 일을 재차 설명해가며 바로의 공주를 향해 해야 할 말과 행동을 연습시켰을 것이다. 요게벳은 틀림없이 기도의 응답으로 하나님의 지시를 받고 그대로 행했으리라.

결과는 어떻게 되었는가? 요게벳은 바로의 딸의 요청을 받아들여 값진 보수를 받아가며 친아들에게 자기의 젖을 먹이며 젖 뗄 무렵까지 키울 수 있었다. 이스라엘 백성을 출애굽 시킨 지도자 된 모세는 어머니 요게벳의 지극한 사랑과 간절한 기도와 신앙에 바탕 한 조기교육을 통해 하나님 중심의 사람이 될 수 있는 기본 조건을 갖추게 되었다. 그 위에 더하여 당시 세계 선진국이었던 애굽의 왕세자 교육을 받고 자랐기에 여호와 신앙과 격물치지(格物致知)의 지혜를 갖춘 지도자가 될 수 있었고, 결국 이스라엘 족속의 구원자가 되었다.

우리나라의 인물 가운데 일제 치하의 상황에서 도산 안창호 선생은, 독

립 쟁취를 위한 무력 저항운동도 중히 여겼으나 민족의 인격적 소양을 기르는 것을 우선순위로 보고 흥사단(興士團)을 만들어 국민교양 진작(振作)에 힘쓴 것을 살필 수 있다. 흥사단을 통해 많은 인격적 애국지사들이 광복 조국의 재건에 크게 이바지한 것을 감사히 생각한다.

그러나 오늘날의 대한민국은 그 같은 교육보다 우선해야 할 것이 있다. 바로 어머니에 의한 어린이 조기 가정교육이다.

하나님은 21세기 한국을 구원할 지도자를 길러낼 요게벳을 찾고 계신다. 내일의 영적 지도자가 될 한국의 모세를 이 같은 요게벳이 길러내야 하기 때문이다.

마땅히 행할 길을 아이에게 가르치라

그리하면 늙어도 그것을 떠나지 아니하리라 _잠 22:6

* * *

그러므로 믿음은
들음에서 나며
들음은 그리스도의 말씀으로
말미암았느니라 _롬 10:17

Consequently, faith comes from
hearing the message,
and the message is heard
through the word of Christ. _Romans 10:17

5부

자녀의 믿음은
말씀암송으로 새로워진다

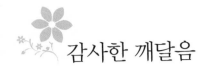

감사한 깨달음

오늘날 우리 모두는 과학과 산업의 눈부신 발달로 너무나 편리하게 삽니다. 그럼에도 한편으로는 선과 악의 가치 기준이 갑자기 뒤바뀌는 세계가 현실로 다가옴으로써 옳고 그름의 판단력과 분별력이 흐려질 수밖에 없는 혼돈과 부조리(不調理)의 시대를 살고 있습니다.

십 대를 사랑하는 기성세대라면 심각한 염려와 아픔을 안고 기도하지 않을 수 없습니다. 세상은 '중딩', '고딩'의 비정상적인 사고와 행동의 반응을 가리켜 '십 대의 이유 없는 반항' 혹은 '사춘기의 갈등'이라고 쉽게 말하며 살아가는 것 같습니다. 몸은 성인의 조건을 갖추어가고 있는 데 반해 십 대의 정신세계는 아직도 미숙하여 스스로의 삶을 열어가기에는 많은 어려움이 따르게 마련입니다.

부모가 자기들의 삶을 살아가기에 바빠서 어린 자녀를 제대로 돌보지 못하는 사이에 내일의 주인공이 될 존귀한 우리 자녀들은 참으로 소중한 성장기에 외로움과 갈등의 상처를 받고 방황하는 경우가 얼마나 많은지 모릅니다.

어떤 여자 변호사의 가슴 아픈 사연을 들었습니다. 사회정의를 위해 젊음을 바쳐 뛰었건만, 어느 날 십 대의 아들이 방황하는 모습을 발견하고 밤잠을 설치면서 고민하다가 마침내 일하던 로펌에 휴직계를 내고 집에서 아들을 보살피기로 했다는 것입니다. 그런 불행한 자녀 문제가 그 변호사만의 일이 아니라는 생각이 먼저 들었습니다.

그리고 그 어머니 변호사의 사랑과 용기에 박수를 보내면서도, 한편 "소 잃고 외양간 고친다"는 속담이 떠올라서 진한 아픔을 느꼈습니다. 마음에 깊은 상처를 입은 십 대를 회복시키기가 얼마나 어려운가를 알기 때문이지요. 그러나 우리에게는 희망이 있습니다. 303비전의 황홀한 꿈이 있는 까닭입니다.

지구촌교회의 조리나 양은 17세 소녀로서 인터넷으로 홈스쿨링을 하며 2년 전부터 엄마와 함께 유니게 과정 28기 2단계, 29기 1단계를 거쳐 지금은 38기 3단계 과정을 밟고 있습니다. 날마다 암송가정예배를 드리며 말씀을 지속적으로 암송하여 400여 절의 성경말씀을 주기도문 수준으로 암송할 뿐 아니라, 엄마 이혜경 집사님과 함께 매주 목요일에는 고아원 '꿈을 키우는 집'에 가서 초딩 소년 소녀 들에게 말씀암송을 지도하고 있습니다. 그녀의 진솔하면서도 착하고 사려 깊은 암송일기를 소개합니다.

부지런한 자가 되리라 2010년 9월 13일

지난밤 자기 전에 교회 어느 집사님이 알려주신 성격 테스트를 하게 되었다. 들뜬 마음으로 결과를 확인하니 나의 성격은 '조절형'이란다. 일명 평화주의자로 모든 사람과의 사랑과 평화를 중시하여 남의 의견을 존중하나 자신의 의견이 확실하지 못한 타입이다.

조절형은 또 다른 치명적인 단점이 있는데, 그것은 바로 나태함이었다. 갈등을 회피하려는 결과 나태함이 온다는데, 나의 성격과 정말 비슷한 것 같다.

'이젠 부지런한 사람이 되어야지.'

결심을 하고 잠을 잤다.

오늘 아침에 일어나 엄마, 언니와 함께 암송예배를 드리면서 잠언 13장을 읽게 되었다. 정말 놀랍게도 내 마음을 뜨끔하게 하는 말씀이 확 다가왔다. 바로 4절이었다.

게으른 자는 마음으로 원하여도 얻지 못하나
부지런한 자의 마음은 풍족함을 얻느니라

나의 작은 결심만으로는 너무 부족해 보였는지 하나님께서 직접 말씀해주신 것이다. 하나님께서 친히 말씀하시는 것을 들어버렸으니, 이제는 모른 척할 수도 없고. 부지런한 자가 되어 하나님께서 기뻐하시도록 해야겠다.

선물 욕심이 없어졌어요 2010년 9월 14일

D-day 7! 일주일만 있으면 내 생일이다. 그런데 정말 황당한 상황이 생겨버렸다. 생일날 받고 싶은 선물이 아예 내 마음속 어디에도 없는 것이었다.

엄마의 질문을 받기 전까지는 내가 받고 싶은 선물이 없다는 것조차도 몰랐다. 아침을 먹고 있는데 엄마가 갑자기 생각이 나셨는지 "리나! 이제 생일인데 뭘 받고 싶니?"라고 물어보시는데 '어머나!' 탁 떠오르는 게 아무것도 없다. 미술학원에 가서 이 심각한 상황을 두고 고민하다가 친구랑 얘기하면서 같이 해결책을 찾기로 했다.

그리고 그 친구와 같이 차를 타고 오면서 이번 주 분량인 17절을 암송했다. 17절을 외우면서 너무나 재밌는 사실을 발견했다. 지난주에 암송학교에서 17절을 내 나이 열일곱 살에 빗대어서 말한 것도 생각나고, 나의 상황과 너무나 잘 맞아서 한참 동안 친구와 함께 웃었다. 고민 끝에 드디어 받고 싶은 걸 찾긴 찾았다.

그런데 정말 암송을 해서 선물 욕심이 없어진 건가? 너무 신기하다.

작은 깨달음을 주심에 감사 2010년 9월 16일

오늘도 역시 미술학원을 가는 날이라 열심히 그림을 그렸다. 그런데 지난주부터 목요일에 선생님께서 카메라 수업을 해주셨다. 카메라에 대해 아무것도 모르는 상태여서 처음 카메라를 샀을 때 설명서와 책을 읽으면서 이해하려고 노력했으나 모르는 내용들과 용어들이 너무 많아서 어렵게만 느껴졌었다.

  그러나 첫 수업을 받고 보니 너무너무 흥분되고 카메라에 대한 호기심이 일기 시작했다. 오늘 수업까지 마치고 나니 책에서 보았던 내용들이 이해가 되기 시작했다. 알고 보니 그렇게 어렵지만은 않은 내용이었는데 혼자서 끙끙댔던 것이다.

  이때 든 생각은 뭐든지 제대로 준비된 마음을 가지고 배워야 한다는 것이다. 엄마도 장로님께서도 항상 말씀하시듯이 '암송은 마음가짐에 달렸다'와 같은 원리. 암송을 하면서도 매번 느꼈지만, 오늘 또 한 번 마음가짐이 얼마나 중요한 것인지 깨달았다. 항상 내 마음에 이런 작은 깨달음을 주시는 하나님께 감사드린다.

암송에 빠진
여학생

　중학생, 초등학생, 유치원생의 자녀가 다 같은 시간에 말씀을 암송하기 시작한다면 세 자녀 중 누가 엄마의 말씀에 잘 순종하며 암송도 더 잘할까요? 나는 그간의 경험으로 아이가 어릴수록 엄마의 말씀을 더 잘 따르고, 암송 능력도 더 왕성하다는 것을 알게 되었습니다. 경험상 5세부터 7세 사이가 암송교육에 가장 알맞은 시기인 것 같습니다. 요즘 아이들은 열 살을 넘어서면 사춘기에 돌입하는 듯합니다. 물론 가정환경에 따라서, 양부모님 중 엄마와 평소에 얼마만큼 격의 없이 가까이 지내느냐, 그렇지 못하느냐에 따라서 다른 것 같습니다. 혹은 자녀의 성품에 따라 다르기도 합니다. 그렇지만 일반적으로 중학생 이상이 되면 학교 및 과외 공부 등을 이유로 성경암송을 권하는 엄마도 드물고, 암송을 하려는 자녀도 드문 것이 사실입니다.

기특하게도 중학교 2학년생인 남서울평촌교회 오혜림 양의 경우는 다릅니다. 열심히 모범을 보여주시는 엄마 여상현 집사님의 권면에 순종하여 303비전꿈나무모범생이 되었을 뿐 아니라 엄마와 함께 암송일기를 성실하게 써서 암송학교에 제출하였기에 이를 함께 나누고 싶습니다.

새 암송노트를 선물 받다 2010년 10월 6일

엄마는 오늘부터 유니게 과정 18기 2단계 훈련을 시작하셨다. 내일 중간고사를 보는 나는 집에 와서 기술 인터넷 강의를 듣고 있었는데, 암송학교를 마치고 오신 엄마가 303비전성경암송노트를 선물로 사오셨다. 예전에 쓰던 303비전성경암송노트는 3년 넘게 써서 너덜너덜해졌는데 감사했다. 새로운 노트를 받았으니 처음 암송을 시작하는 마음으로 시편 8편을 매일 밤 다섯 번씩 암송해야겠다. 요즘은 시험 기간이라 바쁘다는 이유로 암송을 잊고 있었다.

> 너희 모든 군사는 그 성을 둘러 성 주위를 매일 한 번씩 돌되
> 엿새 동안을 그리하라 _수 6:3

이 말씀처럼 나도 6일 동안 꾸준히 암송하여 말씀암송의 여리고성을 무너뜨려야겠다.

내일은 수학과 기술 시험이 있다. 수학이 중요 과목인 데다가 취약한 과목이기 때문에 꼭 81점을 넘고 싶다. 수학은 열심히 공부했는데 계산

과정에서 자꾸 실수를 한다. 내일은 계산을 빠르고 정확하게 해서 평균 점수를 높이는 과목이 되도록 하겠다.

시험 기간에 암송하다 2010년 10월 7일

수학 시험을 보았는데 76.6점을 맞았다. 문제를 제대로 안 읽어서, 이해를 못해서, 몰라서, 계산 실수(1개)로 76.6점이다. 저번에 74점에서 올라서 좋지만 80점을 넘지 못해서 아쉽다. 기술은 두 개를 틀려서 93.4점이다. 기말고사 때보다 18.3점이 올랐다. 기분이 정말 좋다. 내일은 한자와 도덕 시험을 본다. 여태까지의 시험 평균은 82점이다. 내일은 한자와 도덕 시험을 잘 봐서 평균 점수가 85점 이상이 되었으면 좋겠다.

수신자(修身者)는 선정기심(先正其心)이라. 《대학(大學)》
(자신을 수양하려는 사람은 먼저 마음을 바르게 해야 한다.)

이 문장처럼 나를 수양하기 위해서 매일 암송을 열심히 해야겠다. 시험을 보기 전에 시편 8편 1절부터 4절까지 암송하고 나니, 모두 성적이 올랐다. 할렐루야! 내일도 꼭 암송을 하고 시험을 봐야겠다. 그리고 오늘 밤에 열심히 한문을 외워서 내일 꼭 시험을 잘 봐야겠다.

시편 자습서가 나왔으면 2010년 10월 10일

303비전성경암송노트 168쪽에 보면 2단계 과정 묵상노트 중 시편 8편을 묵상한 내용을 이해하기가 어렵다. 특히 두 번째 문장은 더 어렵다. 시편은 대부분이 다윗의 시들로 이루어졌는데, 시편을 읽거나 암송하다 보면 많은 시어(詩語)가 함축적인 의미를 가져서 이해하기가 어렵다. 시편도 국어 자습서처럼 해석을 해준 책이 나왔으면 좋겠다. 각 절 사이사이에 해설이 된 청소년을 위한 시편 자습서가 나온다면 엄마께 말씀드려서 인터넷으로 꼭 구매할 것이다.

나의 열네 번째 생일 2010년 10월 11일

오늘은 나의 열네 번째 생일이다. 생일이라고 엄마가 일찍부터 일어나 미역국을 끓여주셔서 감사했다. 열네 살이나 되었으니 철이 들고 암송도 잘했으면 좋겠다. 그리고 주 안에서 항상 기뻐하고 범사에 감사하는 사람, 주님 안에서 즐겨 바보 되고 기뻐 손해 보는 사람, 부모님께 즉각 순종하고 잘못했을 때는 즉시 용서를 비는 딸, 주 안에서 항상 부모님을 기쁘시게 하도록 힘쓰는 '사친이효(事親以孝)' 하는 딸, 동생을 섬기는 언니가 되고 싶다. 이 다섯 가지를 고루 갖춘 오혜림이 되어 하나님께 영광 돌리고 싶다.

사춘기와 암송

　광복 이후 20~30년까지만 해도 여름마다 장마철이 되면 혹시나 한강 둑이 무너질까 염려되어 서울 시민들이 불어나는 한강 수위에 신경을 곤두세웠던 기억이 납니다. 안타깝게도 같은 한반도이면서도 이북은 민둥산에 제방 시설이 낙후되어 크고 작은 모든 하천의 범람으로 논밭은 물론이려니와 인명 피해 또한 셀 수 없이 많다고 들었습니다.

　이 땅이 여름마다 장마철을 맞듯, 우리 자녀들은 십 대가 되면 사춘기를 맞게 됩니다. 문제는 사춘기를 맞기 전에 마음의 준비가 되어 있느냐 아니냐에 따라 사춘기를 무사히 넘기느냐 아니면 수해를 당하듯 시간상으로나 정신건강상으로 큰 손실과 아픔을 겪느냐의 양자택일의 선상에 놓이게 된다는 것입니다.

　미래의 소망인 우리의 존귀한 자녀가 어릴 때부터 믿음의 가정에서 자란다는 것은 참으로 중요합니다. 비록 믿음의 가정이라 할지라도 부모님의 신앙생활이 형식에 그친다든지, 말씀의 생활화가 몸에 배지 못한 자녀들의 경우 어려운 사춘기를 맞는 것을 많이 봅니다. 특히 엄마가 말씀암송훈련을 받고 자녀 중심의 암송가정예배로 자녀를 훈련시키지 못한 경우, 자녀들이 사춘기를 보내는 과정에서 믿지 않는 가정의 자녀와 마찬가지로 어려움을 당하는 것을 너무 많이 보았습니다.

물론 자녀가 어릴 때부터 말씀암송교육을 엄마가 지속적으로 시키기란 결코 쉽지 않지요. 엄마가 유니게 과정에서 먼저 훈련을 받아야 가능하기에 극히 일부 가정에서나 이루어질 수 있는 일입니다. 그러기에 뜻이 있는 부모들이나 영적 지도자의 눈으로 우리 상황을 직시할 때 밤잠을 설칠 정도로 가슴 아픈 일이 됩니다.

이제 갓 시도하는 가정예배의 어려움을 공감할 수 있으며, 엄마의 굳은 의지로 그 어려움을 참고 견디어 마침내 참 기쁨을 누리기 시작하는 모습이 꾸밈없이 표현된 엄마의 일기를 나누고 싶군요.

유니게 과정 47기 1단계를 수강하기 시작한 대전 온누리교회 정혜선 집사님은 세 자녀(지훈 13세, 지혁 9세, 지연 6세)를 앞으로 더욱 바람직하게 양육할 줄로 믿습니다.

다시 시작한 첫 예배 2010년 9월 4일

9월 2일에 유니게 과정 1단계를 시작했다. 즉시 말씀 읽는 시간을 정해놓고 아이들과 성경 읽기는 시작했지만 가정예배로는 이어지지 못했

다. 그래서 오늘 다시 시도했다. 약간 불안하긴 했지만 왠지 기대가 된
다. 주스를 가져다놓고 아이들을 불렀다.

오늘 큰 아이는 가정예배에 참석하지 않겠다고 하고, 둘째는 배가 아
프다며 소파에 누워버린다. 막내는 선교원에서 훈련이 되어 그런지 착
하게 와서 앉는다. 역시 어릴 때의 교육이 정말 중요하다.

찬양을 두 곡 부르고 기도하는데 그냥 눈물이 난다. 고린도전서 13장
을 같이 읽고(나와 막내는 같이 외운다) 어느 절이 좋은지 나누다가 7절 "모
든 것을 참으며 모든 것을 믿으며 모든 것을 바라며 모든 것을 견디느니
라" 부분에서 또 눈물을 흘린다.

큰아이가 낮 1시에 놀러나가서 저녁 8시에 들어왔다. 그러고는 막말
을 하며 화를 냈다. 그럴 때는 아이가 너무 미워서 저녁을 주기도 싫었다.

'언제까지 참아야 하나, 언제까지 견뎌야 하나…'

주님 앞에 원망도 되고 속이 상하기도 했다.

'정말 나는 사랑이 없구나. 내 힘으로는 사랑할 수가 없구나. 그래서
주님이 꼭 나와 함께 해주셔야 하는구나!'

잘 알고 있는 고린도전서 13장 '사랑 장(章)'이라고 알려져 있는 이
장을 예전에 크리스 해리슨 목사님께서도 말씀 주신 적이 있다. 큰아이
를 키우면서 정말 내게 필요한 것은 사랑이다. 내게 없기 때문에 더 사모
하게 되고, 주께 구하는 것 또한 오직 사랑이다. 정말 내 힘으로 사랑할
자신이 없을 때가 많다.

간단히 드리겠다고 시작한 예배였는데, 20여 분이 지났다. 예배 후에

아이들이 찬양을 듣고 싶어 한다.

'우리 마음속에 예배의 영, 말씀의 영을 새롭게 하시고 찬양 가운데 영광 받으시는 아바 아버지, 사랑합니다.'

사랑의 하나님, 우리는 하나님의 것 2010년 9월 6일

두 번째 가족예배를 드렸다. 오늘은 세 아이들이 전부 모였다. 아이들이 특히 찬양을 좋아해서 두 곡만 부르기로 했는데, 더 부르게 된다. 미리 선곡해놓아야겠다.

지훈이가 대표기도를 한 후, 말씀암송을 했다.

"사랑은 오래 참고 사랑은 온유하며 시기하지 아니하며…"

"하나님은 사랑이시다"라고 말하며 "하나님은 오래 참고…" 그다음은 우리가 하나님의 성품 닮기를 원하며 "지훈이는 오래 참고…", "지혁이는…", "지연이는…" 아이들 이름을 넣어 읽어주었다.

또 눈물이 난다. 아이들 모두 참 예쁘고 선하다. 하나님의 성품을, 사랑의 성품을 닮아갔으면 좋겠다.

예배를 기다리다 2010년 9월 8일

저녁 9시 30분에 알람을 해놓고 그 시간이 되면 모이기로 했는데, 알람이 울리기도 전에 아이들이 예배시간이라며 모여서 기다린다. 찬양과 기도 시작 후, 조금은 까불던 아이들이 까불지 않게 해달라고 기도한다.

아직은 부족하고 아직은 예배 자세가 잘 잡혀 있지 않지만 아이들과 말씀을 암송하는 소리가 쩌렁쩌렁 집 안을 울리니, 그 소리가 그치지 않았으면 좋겠다. 그렇게 우리 예배가 가정의 문화가 되기를 소원한다.

지훈: 마음을 잘 다스러서 엄마나 동생들에게 함부로 화내거나 욱하지 않게 해주세요. 야뇨증을 고쳐주세요. 공부할 때 집중하게 해주세요.

지혁: 까불지 않게 해주세요. (특히 예배드릴 때)

지연: 짜증 내지 않고 순종하게 해주세요.

효과적인
동기 부여

열심히 일하는 사람보다 즐겨 일하는 사람이 더욱 능률적이라는 말을 듣습니다. 자녀가 공부할 때도 보면, 열심히 책상에 붙어 앉아 공부하는 자녀보다 제가 하고 싶어서 선택한 분야를 즐겨 공부한 자녀가 뛰어난 성적을 나타내는 것을 보게 됩니다.

특별히 성경암송은 부모나 교사의 독려에 못 이겨 암송하는 것과 비록 어릴지라도 스스로 잘하는 친구나 형제로부터 도전을 받아서 스스로 결단을 내려서 암송하는 것과는 그 능률에 있어서 비교가 되지 아니합니다.

어떤 심리학자는 "어른보다 어린이의 질투심이 더 크다"라고 말하기도 했지요. 질투심이 크다는 것은 경쟁심이 강하다는 것이지요. 다만 부모님이 말로 자기 자녀와 다른 아이들을 비교하여 경쟁심을 일으켜서 자녀에게 동기 유발을 꾀하려는 것은 지극히 위험한 발상입니다.

가장 바람직한 말씀암송의 동기 유발은 자연스럽게 부모님과 자녀가 함께 303비전꿈나무 모범생·으뜸모범생·장학생 선발 감사예배와 인증서 수여식에 참석하여 자녀가 스스로 암송을 잘하는 또래들을 보고 깨닫게 하는 것입니다.

진미선 사모님은 본인이 유니게 과정 1,2단계를 시작한 지 불과 3~4개월 사이에 삼 남매를 303비전꿈나무모범생으로 만들 정도로 말씀암송에 심취했습니다. 사춘기에 들어선 맏아들은 엄마의 말씀에 은연중 불순종하는 태도였으나 선발식에 참여한 이후 마음과 태도의 변화를 보여주었습니다.

사춘기 아들의 변화 2009년 12월 31일

12월 29일 모범생선발예배에 참석하고 나서 아이들이 달라졌다. 특히 성진이는 암송도 힘들어했고, 으뜸모범생은 말도 꺼내지 못하게 했었다. 어떻게 300절을 외우느냐며 고개를 설레설레 흔들었다. 그런데 그날 여섯 살, 일곱 살짜리가 장학생이 되어 발표하는 걸 보고 오더니 자신도 장학생이 되고 싶다며 새롭게 결단했다. 그리고 성진이가 모범생 대표로 서약을 해서 더 긍정적으로 바뀐 것 같다.

엄마처럼 암송카드도 만들고 내년 봄에 으뜸모범생이 되려면 몇 절씩 해야 되는지 계산해보더니 하루 두 절씩 하기로 정하고 즉시 암송에 돌입했다.

정말 자기 전에도 반복하고 일어나서도 반복한다. 앞으로 결심한 대로 계속할 수 있으면 좋겠다. 그렇게만 된다면 춤이라도 출 텐데. 작심삼일로 끝날까 봐 약간 불안하다.

스스로 결단하고 스케줄을 짜며 중얼중얼 암송하는 모습은 기적에 가깝다고나 할까. 그리고 보면 아이들은 자극을 받아야 하나 보다. 엄마가 그토록 강요했음에도 이런 모습은 기대조차 할 수 없었다. 암송예배 때 다 같이 하는 반복도 억지로 하던 성진이가 아니던가. 그러기에 내 눈에는 이런 모습이 기적처럼 보인다.

다음은 성진이가 전자수첩에 메모해둔 내용이다.

말씀을 이제 만난 게 후회된다. 하지만 이제부터라도 열심히 외우자!

매일매일 두 절씩!

아침 먹고 한 절 외우고, 점심 먹고 한 절 외우고, 저녁에는 복습하자!

즐겁게 암송하자! 열심히 암송하자!

하루에 두 절씩만, 그래서 5월에 으뜸모범생이 되자!

이틀에 한 번 전체 복습하기! 꼬박꼬박 외우기!

아자아자, 파이팅!

성령님이 성진이에게 주신 감동대로 성진이가 그 마음 변치 않고 꾸준히 하며, 어떤 시험에도 승리하도록 기도로 돕고, 칭찬으로 힘을 실어 줘야겠다.

"성진아, 엄마 하는 것 봤지? 엄마랑 같이하니까 어렵지 않을 거야."

내년 5월에 성진이, 하임이, 하진이 모두 으뜸모범생이 되기를 소원하며, 파이팅!

말씀암송태교
우선 시대

인간은 누구나 엄마의 태 속에서부터 배우며 영육이 자라나는 존재입니다. 의식적이든 무의식적이든, 인간은 평생을 배우면서 몸과 지혜가 성숙해집니다. 사람은 태 속에서 태반을 통해 영양 공급을 받다가 세상에 태어난 이후에는 젖 먹는 영유아기를 거쳐 밥과 빵을 먹고 자랍니다.

성장하는 육체와 함께 계속 듣고 보고 만지고 느끼면서 지식과 지혜가 자랍니다. 그렇게 청소년기를 거쳐 청장년기가 되고 원숙한 노년기에 이릅니다. 그러다가 때가 이르면, 영은 썩어질 육체를 떠나 하나님의 나라로 올림을 받아서 주님과 더불어 영생하는 특권을 누리게 되는 것이지요.

인생 최초의 교육인 태교가 얼마나 중요한지는 말로 다 할 수 없습니다. 말씀암송태교로 태어난 아이는 마음이 온유하여 잘 웃고 잘 울지 않

으며 잘 먹고 잘 잡니다. 저녁에 배불리 젖을 먹고 잠들면 새벽에나 깨어
난다고 하지요. 총명하기도 할 뿐 아니라 찬송과 암송 소리를 들으면 기
뻐합니다. 그래서 '슈퍼 신인류'라고 부르는 것이지요.

영유아기부터 엄마의 사랑과 모범을 따라 말씀을 암송하고 날마다
즐겁고 경건한 마음으로 암송가정예배를 드리는 것은 매우 중요합니다.
또한 가임 세대의 가정에서는 슈퍼 신인류를 낳기 위한 말씀암송태교를
우선적으로 해야 합니다. 마찬가지로 교회에서도 후세대를 위한 말씀암
송을 우선순위에 두어야 합니다. 교회는 성도들이 가정예배를 드릴 때
설교 대신 말씀을 암송하거나 성경을 읽도록 방향 전환을 해줍니다. 사
회는 자녀가 맡도록 하며 부모는 매주 한 번 정도 사회와 설교를 맡는 것
이 좋겠지요. 찬송과 기도 또한 자녀 중심으로 드리며 부모는 축복기도
로 마무리함으로써 경건과 기쁨이 함께하는 획기적인 변화를 시도해야
합니다.

유니게 과정 39기 1,2단계를 수료한 안중나사렛교회 박명순 사모님
(부군: 윤문기 목사)의 일기를 나누고 싶습니다. 지은(24세), 종빈(19세), 종
하(8세) 세 자녀 중 막내 종하와 함께 드리기 시작한 암송가정예배와 관
련한 작은 간증입니다.

암송가정예배의 시작 2009년 9월 14일

종하와 함께 처음으로 암송가정예배를 드렸다. 가르침을 받은 대로
여덟 살 종하에게 사회를 맡겼다. 기쁜 마음으로 자신감 있게 예배를 인

도하는 모습이 대견하고 믿음직스러웠다. 세 구절밖에는 아직 확실하게 암송할 수 없지만(고전 13:1-3) '사랑이 없으면 아무것도 아니라는 것'을 깨달으며 말씀을 따라 기도한다. 더불어 앞으로 종하가 말씀의 힘을 더욱 잘 경험하게 될 것을 기대한다. 좀 어설프기는 했으나 첫 예배를 드리면서 정말로 기쁘고 감격스러웠다.

마음속에 들리는 말씀 2009년 9월 15일

아침식사 시간에 갑자기 마음속에 말씀이 들려왔다. 그동안 교회의 출산 가정을 심방하여 작은 선물을 주곤 했는데, 출산 후뿐 아니라 출산 전 가정들을 돌보라는 감동이었다. 말씀암송태교의 중요성에 관한 교육 내용이 마음에 새겨진 탓일까? 임신한 자매들의 명단을 파악하고 돌보는 사역을 해야겠다는 생각이 들었다.

말씀암송을 권하고, 매주 한 번 정도는 전화를 하거나 만나는 시간을 가져야겠다. 한 달에 한 번 식사모임을 가져도 좋겠다. 새로운 사역을 시작할 때면 기대하는 마음으로 흥분이 된다.

저녁에 두 번째 암송가정예배를 드렸다. 종하와 둘이서 말씀을 암송하고 중보기도 하는 순서를 가졌다. 종하는 세계를 넘어 우주를 품고 기도한다. 말씀암송 또한 하루 사이에 8절까지 늘었다. 정말 감사하다.

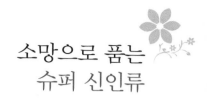

소망으로 품는
슈퍼 신인류

303비전 가정으로부터는 기쁜 소식이 이어지고 있습니다. 유니게 과정을 통해 말씀암송과 암송가정예배가 정착한 가정이 느는 한편, 첫째 혹은 둘째, 셋째, 넷째 자녀를 잉태했다는 소식이 자주 들려옵니다. "장로님이 제일 기뻐하실 것 같아서요"라는 기쁨에 넘치는 목소리를 듣는 것은 참으로 기쁜 일입니다. 밤 11시가 넘은 시각에 아빠가 잉태 소식을 핸드폰 문자로 보내오기도 합니다.

최정은 집사님은 2년 전에 암송태교로 둘째 태영이를 낳아서 예쁘게 키우고 있거니와 최근 두 번째 말씀암송태교로 태어난 셋째가 둘째 태영이처럼 잘 웃고 잘 자고 잘 논다고 알려왔습니다. 얼마나 반갑고 기쁜 소식인지요.

백은실 집사님은 둘째 온유를 말씀태교로 낳은 지 28개월 만에 기도로 간구해오던 셋째의 태를 주께 받고 즉시 문자와 전화로 그 기쁜 소식을 알려왔습니다.

더욱 감사한 것은 만 네 살을 지난 조이와 만 두 살 반인 온유가 엄마 배 속에 있는 동생을 보고 싶어 하며 날마다 엄마의 배에 손을 얹고 하나님께 기도한다는 것입니다.

아름다운 그 모습을 생생히 기록한 일기를 소개합니다.

사랑아, 축복해. 건강하게 만나자! 2010년 1월 18일

아직 태명을 짓지 못해 일단 사랑이라고 부르고 있다. 태명이 곧 이름이 되는 우리 집의 역사로 보아 태명에 신중을 기하지 않을 수 없어 즐거운 고민을 거듭하고 있다. 처음 사랑이의 소식을 들은 조이 형제.

"엄마, 진짜 엄마 배 속에 하나님이 아기 씨앗을 넣어주셨어요?"

"응. 엄마 배 속에 아기 씨앗을 넣어주셨어. 조이 너무 좋지?"

"네. 정말 좋아요! 이름은 뭘로 할 거예요? 내가 지어주고 싶다."

치연이, 순천이 등 받아들이기 어려운 이름을 지으며 관심을 보이는 조이 형제.

"조이야, 축복해줘야지."

"아가야, 사랑하고 축복해! 엄마 배 속에서 쭉쭉 자라서 건강하게 만나자! 빨리 엄마 배가 불러서 얼른 나왔으면 좋겠다. 많이 자야 돼요?"

"응. 많이 많이 자야 만날 수 있어."

"그래도 병원에서는 볼 수 있잖아요? 병원에 빨리 가요."

함박웃음을 짓는다. 동생 온유를 잉태했을 때 병원을 함께 오가며 형이 될 준비를 했던 조이이기에 더욱 익숙한 일인가 보다.

"온유야, 엄마 배 속에 아기가 들어 있어. 너도 축복기도 해!"

"어디? 어디? 아가 보여줘~" 하며 내 옷을 들추는 온유.

아직 너무 작은 씨앗이라서 눈에 안 보이지만 시간이 지나면 만나게 될 거라고 다독였더니 배에 손을 얹고, "아가야, 축복해. 사랑해. 나중에 만나자!" 하고는 배에 뽀뽀해주었다.

딸이기를 간절히 바라는 마음으로 조이에게 기도 부탁을 했다.

"조이야, 하나님께 엄마 배 속에 예쁜 여자 아기로 달라고 기도해줘."

"엄마! 이미 넣어주셨잖아요."

나보다 더 좋은 믿음을 보이는 조이 형제님. 그동안 여자 동생 주시기를 기도해왔고 기도 응답을 받았으니 조이 형제에게는 당연한 일인데, 믿음 없는 엄마는 불안하여 또 기도를 시킨 것이다. 멋진 오빠들이 되기를 소망하지만 하나님의 뜻이 어디에 있으실지. 동생을 많이 아껴주고 사랑해주는 오빠들이 되길 기대한다.

행복한 엄마,
축복받은 아이

부모는 자녀를 키우면서 효도를 다 받는다고 합니다. 특히 말씀암송 태교로 낳은 자녀는 부모님을 너무나 행복하게 합니다. 말씀암송태교로 태어난 아이들은 말씀을 암송하는 소리를 들으면 좋아서 어쩔 줄 모르고, '아멘'도 잘하고, 대답도 잘하고, 인사도 잘하고, 말도 빨리 배우고, 신체 발달도 빠르고, 예배도 잘 드리고, 찬송 소리를 들으면 율동도 잘한다는 것이 엄마들의 공통된 간증입니다.

불과 10년이라는 짧은 기간이긴 하지만 유니게 과정이나 암송태교학교에서 교육과 훈련을 받은 임신부들은 한결같이 위와 같은 보고를 합니다. 엄마, 아빠의 성품에 관계없이 태교로 태어난 아이의 품성이 온유하다는 것은 말씀암송태교의 특권이요 신비입니다.

그간에도 여러 차례에 걸쳐 행복한 엄마, 축복받은 아이들에 관한 간

중일기를 나눈 바 있지만 임신 중에 암송태교학교 2기를 수료한 충무성
결교회 조안나 전도사님의 이야기를 소개합니다. 당시 암송태교로 태어
난 하진이는 16개월 된 아기였으며, 조 전도사는 태중에 3개월 된 아기를
임신 중이었습니다.

슈퍼 신인류 하진이

《말씀암송 자녀교육》을 읽으면서 빙그레 웃곤 합니다. 저는 암송태
교학교 2기생이랍니다. 임신 4개월 때부터 다닌 것 같아요. 말씀암송태
교로 태어난 하진이도 암송태교로 태어난 다른 아기들과 많이 비슷합니
다. 잘 웃고 울지 않고 성격도 온유하고…. 예배도 잘 드리고 인사도 잘
합니다.

'아멘'은 100만 불짜리, 대답도 잘하고요. 말도 빨리 배우고, 신체 발
달도 빠르고, 예배시간이 되면 16개월 하진 양은 앞으로 제일 먼저 나가
서 율동 또한 곧잘 따라 합니다. 박자 감각은 어찌나 뛰어난지 말씀암송
덕분이라 여겨집니다.

교회에서는 성도님들이 모두 거저 키운다고 말합니다.

"하진이 같은 아이라면 열 명도 키울 수 있겠어요."

이렇게 말하는 선생님도 계시니까요.

하진이에게 "말씀 가져오세요" 하고 말하면 금세 알아듣고 성경책을
들고 옵니다.

한번은 꿈나무 암송노트를 챙겨주었더니, 나름 맘에 드는지 꿈나무

암송노트를 계속 펴보면서 혼자 중얼중얼 아무도 못 알아듣는 방언(?)을 합니다.

오늘도 '암송예배 드려야지' 하는 생각을 하면서 장보러 갔다가 늦는 바람에 하진이가 쿨쿨 잠들어버렸네요. 하진이는 보통 8시쯤 자서 아침 7시에 일어나거든요. 잠을 잘 자서 너무 예뻐요. 자는 하진이 머리에 손을 얹고 나지막이 암송합니다.

오늘은 아빠가 축복기도도 해주었습니다. 하루하루 주님 기뻐하시는 대로 살아가려는 우리 가족. 오직 하진이와 함께 즐겁게 말씀을 암송하고 날마다 암송가정예배를 드리면서 단순하게 살려 합니다.

날로 성숙해지는
꿈나무장학생들

　나는 어린이가 좋답니다. '유유상종(類類相從)'이란 말처럼 내 마음이
어려서일까요. 어린이를 마음으로 생각만 해도, 천진스러운 미소만 보
아도 기쁨이 샘솟습니다. 초등학교 시절에는 다섯 살 아래 동생과 또래
아이들을 데리고 들로 냇가로 산으로 다니면서 메뚜기도 잡고 미꾸라지
도 잡고, 진달래꽃도 즐겨 따 먹기도 했지요.

　백발이 성성한 지금도 어린이가 좋아서 나의 용돈은 아껴가면서 유
니게 과정에 엄마를 따라온 수십 명의 어린이들에게 미리 준비한 빳빳
한 신권 천 원짜리를 한 장씩 허리를 굽혀 어린이의 이마에 뽀뽀하면서
나누어주는 기쁨을 누립니다. 이름하여 '예도 훈련(禮道訓練)'입니다.
'기쁨의 추억 심기', '베푸는 마음 심기'이기도 합니다. 나의 가장 큰 기
쁨은 어린이들의 입에서 하나님의 말씀이 솔솔 막힘없이 흘러나오는 것

을 지켜보는 것입니다. 서너 살부터 예닐곱 살의 어린이가 고사리손을 들고 절 수를 꼽아가며, 샛별 같은 두 눈을 반짝이며, 앵두 같은 빨간 입술을 움직이면서, 고린도전서 13장 전장 말씀을 1절부터 13절까지 암송하는 모습을 지켜볼 때는 내가 마치 천국 어린이 잔치에 초대받은 것 같은 착각이 듭니다. 무엇보다도 303비전꿈나무장학생 어린이들이 해마다 늘어나고 있어서 얼마나 행복한지 모릅니다. 이제까지는 어린이 신앙교육을 교회학교에만 의지하다시피 하고, 엄마, 아빠는 자녀교육에 대한 책임감과 사명감조차 느끼지 않았던 가정이 많았던 사실을 부인할 수 없습니다. 이제는 초대 교회를 본받아 먼저 말씀을 암송한 엄마가 가정에서 자녀에게 어려서부터 암송훈련을 시키고, 날마다 암송가정예배를 드리는 가정이 늘고 있습니다.

두 아들(고은성 8세-254절 암송, 고진성 7세-250절 암송)에게 엄마의 모범으로 열심히 암송훈련을 시켜서, 이미 303비전꿈나무 제4기 장학생으로 양육한 신생중앙교회의 김경희 집사님이 쓴 일기를 나눠봅니다.

303비전꿈나무장학생 키우기 2010년 12월 3일

"하나님! 작년 12월에 두 아들 은성이와 진성이를 303비전꿈나무장학생으로 만들어주셔서 감사합니다. 오늘은 그 후 1년 동안 두 아들과 함께한 암송을 장로님 앞에 가서 테스트를 받으러 갑니다."

무릎 꿇고 기도하는 순간 내 눈에서는 눈물이 고이고 마음은 벅차올랐다. 꼭 하나님께서 나에게 "경희야, 네가 잘 하고 있구나. 내가 참 기쁘단다"라고 말씀하시는 것 같았다.

2008년 5월부터 시작한 암송훈련이었다. 큰아들 은성이와 작은아들 진성이와 함께 말씀을 열심히 암송한 결과, 두 아들이 2008년 12월에 303비전꿈나무으뜸모범생이 되었고, 2009년 12월에 장학생이 되면서 장학금까지 받았다. 그동안 암송예배를 드리면서 엄마가 참고 인내해야 할 부분들이 많았다.

아이들이 처음엔 곧잘 따라서 재미있게 하더니, 시간이 지날수록 힘들어했다. 하기 싫어서 짜증을 부리기도 하고, 꾸중을 하면 울기도 하고, 암송 태도는 말이 아니었다. 몸은 거의 삐뚤어져 있고, 아예 누워버리기도 했다. 은성이는 초등학교 1학년을, 진성이는 유치원을 이렇게 암송하면서 다녔다.

'303비전꿈나무장학생을 이렇게까지 하면서 해야 하나?' 하는 생각도 들었지만, 다른 세상 지식이 아이들 마음속에 들어가 자리 잡기 전에 하나님의 말씀을 심어주어야 한다는 생각으로 '그래도 포기하지 말자!'라고 다짐하면서 암송훈련과 암송가정예배를 지속하게 되었다.

두 아들이 올 한 해는 암송하는 마음가짐과 자세에서 많은 변화를 보여주었다. 큰아이 은성이는 암송해야 할 말씀을 암송노트를 보면서 스스로 미리 외웠고, 작은아이 진성이는 잘 외워지지 않는 부분은 스스로 열 번, 스무 번 반복해서 끝까지 외우려고 하는 인내심을 보여주었다. 주께 정말로 감사드린다.

예도 훈련과
아름다운 추억 심기

나는 언제부터인가 빅 머니를 아이들에게 만남의 선물로 주기 시작했다. 처음에는 아이들이 마냥 귀여운 터라 "참 예쁘구나" 혹은 "참 착하구나" 하면서 준비해간 천 원짜리 신권 지폐를 한 장씩 주었다. 그럴 때 아이들은 오른손으로 먹을거리나 장난감을 쥐고 있다가 무심코 왼손을 싹 내민다. 그때 아이에게 "두 손으로 받는 거란다" 하고 부드럽게 말하면, 아이 엄마는 자녀가 가진 물건을 거두어들이며 "두 손으로 받고, '감사합니다'라고 인사드려" 하고 아이에게 말한다. 그러면 대부분의 아이들은 엄마가 시키는 대로 예쁜 고사리손으로 공손히 받으며 꾸벅 인사한다.

어느 날 문득 '아, 이렇게 선물을 주면서 아이들에게 예도 훈련을 시키면 좋겠구나' 하는 생각이 들었다. 집에서나 밖에 나와서나 어른들로부터 무엇을 받을 때는 두 손을 모아 공손히 받고, 고개를 숙여 "감사합니다" 혹은 "고맙습니다" 이렇게 답례하는 훈련을 받고 자라면, 장차 예의 법도를 지킬 줄 아는 인격을 갖춘 젊은이가 될 게 아닌가.

이처럼 첫날 훈련이 된 어린이들은 그다음부터는 엄마가 시키지 않아도 빅 머니 받는 예도를 잘 지킨다. 뿐만 아니라 어떤 어린이는 내게 쪼르르 다가와서 방실방실 웃으며 "안녕하세요?" 하고 깍듯이 인사한다. 그렇게까지

하지 않는다 해도 저희들끼리 뛰어놀다가 나를 만나면 쌩긋 미소를 지으며 호감을 표시하는 어린이가 있다.

어떤 돌배기 아이는 《말씀암송 자녀교육》의 표지에 그려진 내 얼굴을 보면서 "하삐"(할아버지)라고 말하며 두 손을 내밀고 빅 머니 받는 시늉을 한다고 엄마가 알려주었다.

내게는 이모님과 관련한 슬픈 추억이 있다. 당시 충청북도 영동군 학산면 서산리에 위치한 우리 집에는 경상남도 거창에 사시는 이모님이 가끔 찾아오셨다. 이모님은 서울을 자주 드나드셨는데, 내게 아주 흥미로운 약속을 하셨다.

"서울에 가면 말(言語)을 하는 말(馬)이 있는데, 다음에 꼭 사다 줄게."

나는 이모님이 사람처럼 말하는 희한한 말을 사가지고 오시기를 얼마나 기다렸는지 모른다. 하지만 달이 가고 해가 가도 그 뒤로 이모님은 오시지 않았다. "어머이, 이모 언제 와?" 하고 엄마한테 자주 물었고, 그때마다 엄마는 "응, 몇 밤 자고 나면 오실 거야" 하고 말씀하셨다.

50년쯤 지났을 무렵, 팔순 노인이 된 이모님은 약속에 대해서는 전혀 기억이 없는 모습으로 서울 우리 집에 오셨다. 나는 이모님의 약속인 '말하는 말'을 기다리다가 유년기와 소년기를 지나, 어쩌면 섭섭하고 야속하고 아쉬운 마음으로 청년기, 장년기를 보냈는지 모른다.

갓난아이는 말을 할 수 없을 뿐 한번 본 것과 들은 것은 다 기억한다고 한다. 맞는 말이다. 하나님께서는 어린이에게 놀라운 기억력을 주셔서 사물의 이름을 쉽게 기억할 수 있도록 하신 반면, 성장하는 동안 사고력과 판단력, 이해력, 추리력을 주시면서 기억력은 서서히 거두어들이신다. 나는 어릴 때 암송한 하나님의 말씀을 어른이 되어서까지 기억하는 성도들의 간증을 많이 들었다. 그래서 매주 엄마와 함께 나온 어린이들이 예쁘고 귀여워서, 나중에는 예도 훈련을 위해 빅 머니를 주기 시작했는데, 그러고 나자 그들에게 아름답고 기쁜 추억으로 깊이 새겨질 것이라는 믿음을 갖게 되었다.

"어렸을 적 엄마와 함께 어떤 교회에 갈 때마다 머리가 하얀 할아버지 장로님한테서 기쁘게 받았던 빅 머니가 떠올라요"라고 기억을 더듬으며 환히 웃을 그들을 상상한다. 수백, 수천, 수만에 이를 그 303비전꿈나무들에게 오래도록 기쁘고 즐거운 추억으로 간직될 수 있다면 이보다 더 큰 보람이 어디 있겠는가.

엄마를 따라온 젖먹이로부터 홈스쿨링을 하는 초등학교 저학년 어린이에 이르기까지 수십 명에 이르도록 이마에 뽀뽀해주며 빅 머니를 나누어주는 것이 마냥 즐겁기만 하다. 이것이 나의 예도 훈련과 더불어 누리는 아름다운 추억 심기다.

최근에 새로운 깨달음이 있었다. 1,2단계가 끝나는 마지막 주는 암송감사제가 열린다. 그동안 익힌 말씀 중에서 미리 준비한 말씀을 여덟 명 단위 조별로 앞에 나와서 한목소리로 암송한다. 그리고 각자 집에서 먹을거리를 준비해와서 조별로 즐거운 식사를 나눈다. 그때 어머니들이 우리 본부 스태프들에게 맛있는 음식을 가져오는 경우가 있어서 강당 뒷자리에 펼쳐놓고 나중에 나누어 먹는다. 이때 어떤 아이는 이를 보고 기웃거리며 입맛을 다신다. "뭐든지 네가 먹고 싶은 것 가져가 먹어라" 하면 '좋아라' 하며 엄마 있는 데로 가지고 달려간다. 그러가 하면 어떤 어린이는 엄마 심부름으로 음식을 고사리손에 들고 방긋 웃으며 내게 준다. 물론 나는 "착하구나! 고맙다" 하며 칭찬해준다.

'아, 그렇다. 똑같은 어린이인데, 엄마가 선물을 들려주면서 장로님께 드리라고 하는 경우와 엄마들끼리 즐겁게 음식을 나누느라 아이를 돌보지 않았을 경우, 한 어린이는 선물을 전해주면서 칭찬을 받고 한 어린이는 음식을 얻어먹게 되는구나. 어려서부터 남에게 나누어주는 재미를 경험한 어린이는 커서도 남을 즐겨 돕는 사람이 될 게 아닌가.'

그러고 보니 나의 빅 머니는 꿈나무들에게 베푸는 교육이 되리라는 생각이 들었다. 처음에는 별로 부담을 느끼지 않았으나 요즘은 천 원권 한 묶음을 양복 속주머니에 품고 가면 반 내지 삼 분의 일만 남는 경우가 많다. 하지만 어떠랴. 나는 골프도 치지 않고 경마장, 오락장, 극장에도 가지 않으니 헛되이 돈을 쓰는 데가 없지 않은가. 중심을 보시는 주님이 이 밑천만은 떨어지지 않게 하실 뿐 아니라 더 많이 뿌릴 수 있도록 해주실 줄 믿고 기도한다.

"앞으로 계속 천 원권 한 묶음이 아름다운 추억의 씨앗으로 넉넉히 쓰이게 하소서."

주일학교 신앙교육 과연 성경적인가?
성경적 대안으로서의 가정예배

– 강신욱 남서울평촌교회 담임목사;
303비전장학회 사무장, 제3기 303비전장학생

1. 문제 제기

현재 한국 교회의 신앙교육은 지극히 교회 중심적이고, 더 엄밀히 말하면 교회당 중심적이다. 거의 대부분의 신앙교육이 장소적으로는 교회당에서 이루어지고 있으며, 시간적으로는 주일에 이루어지고 있다. 다음 세대의 신앙교육도 마찬가지다. 다음 세대 신앙교육 양상에서의 이런 현상은 더욱 교회당 중심과 주일 중심으로 치우쳐 있다. 다음 세대 신앙교육은 명칭에서부터 주일학교, 교회학교 등으로 불리며(이하 주일학교) 지금까지 그 역할을 감당해왔다.

그러나 주일학교는 위기를 맞고 있다. 한국 교회의 주일학교의 쇠퇴는 출산율 감소가 심각한 문제로 대두되기 전부터 제기된 문제다. 숫자만의 문제가 아니란 말이다. 주일학교는 탁아소 역할로 전락했고, 교육

부서 담당 교역자는 신학교 과정에 있을 동안만 잠시 맡을 뿐이다. 맡고 있는 동안에도 아이들의 마음을 사로잡을 수 있는 프로그램을 찾고 개발하는 데 급급한 실정이다. 대부분의 교역자들은 신대원 졸업과 함께 장년 중심의 전임 사역을 하게 되므로 장기적인 헌신과 사역 개발을 요구하는 것 자체가 무리이다.

이런 시점에서 현 주일학교에 투자하고 개선의 노력을 하면 되는가, 주일학교 체제가 이후로도 계속 유효한 다음 세대 신앙교육 방식일 수 있는가, 주일학교는 성경적 신앙교육 방식인가에 대해 생각해보지 않을 수 없다. 이중 제일 중요한 문제는 주일학교가 성경적 신앙교육 방식인가 하는 점이다. 우리는 성경을 기준으로 삼는다. 그러므로 심지어 효율이 있다 하더라도 성경적이지 않으면 포기할 수밖에 없다.

2. 성경상의 신앙교육

(1) 구약

"내가 그로 그 자식과 권속에게 명하여 여호와의 도를 지켜 의와 공도를 행하게 하려고 그를 택하였나니 이는 나 여호와가 아브라함에게 대하여 말한 일을 이루려 함이니라"(창 18:19).

하나님께서 아브라함을 택하신 목적을 나타내고 있다. 아브라함의 후손이 하나님의 백성이 되어 의와 공도를 행하게 하기 위함이라고 하셨다. 하나님의 일은 그 목적만큼 방법과 과정도 중요한데 하나님은 아브라함으로 하여금 그 자식과 권속에게 명하는 방식을 지정하셨다.

"이후에 너희의 자녀가 묻기를 이 예식이 무슨 뜻이냐 하거든 너희는 이르기를 이는 여호와의 유월절 제사라 여호와께서 애굽 사람에게 재앙을 내리실 때에 애굽에 있는 이스라엘 자손의 집을 넘으사 우리의 집을 구원하셨느니라 하라 하매 백성이 머리 숙여 경배하니라"(출 12:26,27).

민족을 형성한 이스라엘 백성을 향해 유월절의 형식과 의미에 대해 부모가(특별히 아비가) 자녀에게 가르칠 것을 말하고 있다. 이런 예는 길갈의 예에서도 찾아볼 수 있다(여호수아서 4장 참고).

"오늘 내가 네게 명하는 이 말씀을 너는 마음에 새기고 네 자녀에게 부지런히 가르치며 집에 앉았을 때에든지 길을 갈 때에든지 누워 있을 때에든지 일어날 때에든지 이 말씀을 강론할 것이며 너는 또 그것을 네 손목에 매어 기호를 삼으며 네 미간에 붙여 표로 삼고 또 네 집 문설주와 바깥 문에 기록할지니라"(신 6:6-9).

먼저 부모가 말씀을 잘 알고 자녀에게 장소 불문, 시간 불문으로 말씀을 가르쳐야 하며, 말씀이 아로새겨진 가정이 그 교육의 장이 되어야 함을 분명히 말하고 있다.

"이는 우리가 들어서 아는 바요 우리의 조상들이 우리에게 전한 바라 우리가 이를 그들의 자손에게 숨기지 아니하고 여호와의 영예와 그의 능력과 그가 행하신 기이한 사적을 후대에 전하리로다 여호와께서 증거를 야곱에게 세우시며 법도를 이스라엘에게 정하시고 우리 조상들에게 명령하사 그들의 자손에게 알리라 하셨으니 이는 그들로 후대 곧 태어날 자손에게 이를 알게 하고 그들은 일어나 그들의 자손에게 일러서"(시 78:3-6).

출애굽부터 다윗의 통치까지의 역사적 내용을 언급한 교훈시로서 신앙이 조상들에게서 후손들에게로 전달되었음을 말하고 있다.

(2) 신약

구약에서의 말씀이 역사성을 강조했다면 신약에서는 신앙 공동체로서의 가정의 모습을 더 강조하고 있는 것으로 보인다.

"그의 아버지가 예수께서 네 아들이 살아 있다 말씀하신 그때인 줄 알고 자기와 그 온 집안이 다 믿으니라"(요 4:53).

예수님께서 가버나움에서 한 신하의 아들을 고쳐주셨을 때 온 가정이 함께 신앙으로 하나가 되었음을 말하고 있다.

"그가 경건하여 온 집안과 더불어 하나님을 경외하며"(행 10:2).

고넬료의 가정이 신앙 공동체의 모습을 가지는 데 가장인 고넬료의 역할이 중요했음을 말한다.

"그가 너와 네 온 집이 구원받을 말씀을 네게 이르리라 함을 보았다 하거늘"(행 11:14).

"이르되 주 예수를 믿으라 그리하면 너와 네 집이 구원을 받으리라 하고"(행 16:31).

"또 회당장 그리스보가 온 집안과 더불어 주를 믿으며"(행 18:8).

11장에서 고넬료를 향한 베드로의 말씀이든, 16장에 간수를 향한 바울의 말씀이든 구원의 영향이 특별히 가장을 통하여 온 가정에 미치는 것을 말하고 있고, 18장에서도 가장과 그 가정이 모두 신앙을 갖게 됨을 말하고 있다.

3. 역사 속에서의 가정에서의 신앙교육

(1) 교부 시대

초대 교회의 감독의 전통을 물려받은 교부 시대의 초기 교부들은 가정을 통한 신앙교육에 대한 구약의 말씀과 신약의 전통을 강조했다.

안디옥의 주교 이그나티우스(Ignatius)는 에베소서 6장 4절의 의미는 크리스천 아버지가 자식들에게 성경을 가르쳐야 한다는 단순 명료한 의미라고 주장했고, 알렉산드리아의 클레멘트(Clement)는 크리스천의 결혼생활에서 매일 아침 남편과 아내는 함께 기도하고 성경을 읽어야 한다고 했으며, 콘스탄티노플의 크리소스톰(Chrysostom)은 모든 가정이 교회가 되고 모든 가장이 영적 목자가 되어야 한다고 주장했다.

(2) 중세 로마 카톨릭 시대

로마 카톨릭은 클레멘트 종교회의(AD 535년)의 열두 번째 종교법으로 성직자는 결혼관계를 지속할 수 없다고 선포했다. 유스티니안(Justinian)은 성직자가 낳은 아이는 사생아이며, 기혼자를 감독직으로 선출하는 것을 금했다. 감독과 장로 가정의 신앙 전수 모범이 사라짐으로 6세기부터 가정에서의 신앙교육은 불가능해졌고, 신앙교육의 중심이 가정에서 성당으로, 가장에서 사제에게로 옮겨가게 되었다. 신앙교육은 오직 성당에 모여 사제에게로부터만 가능했다.

(3) 청교도 시대

종교개혁 후 말씀이 모든 것을 다스려야 한다는 의식을 가진 청교도는 성경적 가정관과 자녀교육관을 가지려고 애썼고, 그것을 그들의 실생활에 구체적으로 적용했다.

청교도의 가정관 | 리처드 백스터(Lichard Baxter)는 경건한 자손의 부모가 된다는 것이 결혼제도의 목적이므로 그런 차원에서 자녀교육이 이루어져야 한다고 했고, 아이작 암브로스(Isaac Ambrose)는 부모는 가정에서 그리스도의 영광스러운 나라를 세우는 책임을 맡은 사람들이라고 했다.

코튼 매더(Cotton Mather)는 부모들이 그들 가정에 태어난 영혼에 대해 책임을 져야 한다고 했고, 토머스 왓슨은 그리스도인 부모들이라면 당연히 자녀들을 그들의 자녀로 만들기보다 하나님의 자녀로 만들기 위해 애쓴다고 했다.

윌리엄 퍼킨스(William Perkins)는 하나님이 가정을 세우신 것은 경건한 자녀를 양육하기 위함이며, 가정에서 부모의 가장 중요한 역할은 자녀를 신앙적으로 양육하는 데 있다고 하였다. 청교도 자녀들은 당연히 가정에서 부모들로부터 신앙훈련을 받을 것으로 기대되었고, 가정은 '교회의 양성소'로 여겨졌다. 존 코튼(John Cotton)은 자녀들이 성경을 읽을 수 있도록 글을 가르쳐야 한다고 하였고, 벤저민 워즈워스(Benjamin Wordsworth)는 "하나님의 말씀의 한 부분을 읽지 않고는 하루를 보내지 않게 하라"고 가르쳤다.

청교도에게 교회와 가정은 구별되는 것이 아니었다. 리처드 백스터는 "그리스도인의 가정은… 하나님을 더 잘 예배하고 봉사하려는 목적을 가진 그리스도인들이 모여 이룬 사회… 곧 교회이다"라고 했다. 리처드 그린햄(Richard Greenham)은 하나님의 교회가 우리 가운데서 영속하게 하려면 우리 가정 안으로 교회를 가지고 들어와서 거기서 융성하게 해야 할 것이라고 했고, 윌리엄 카트라이트(William Cartwright)는 가정은 예비 교회이므로 가정에서는 가장이, 교회에서는 목사가 교리교육을 담당해야 한다고 주장했다.

청교도 가정에서의 신앙교육 | 예일대학교의 설립자인 인크리스 매더(Increase Mather)는 매일 아침과 저녁으로 성경봉독, 기도, 시편 찬송으로 이루어진 가정예배를 드리도록 가르쳤고, 가정예배를 드리고 자녀에게 교리를 가르치며 건전한 신앙생활과 헌신을 명하고 모범을 보이는 것에 대한 서약을 하도록 했다. 그 서약 내용은 다음과 같다.

"우리는 그리스도의 도우심을 힘입어 각 가정에서 하나님과 동행하기를 전심전력 힘쓰기로 다짐합니다. 우리는 그분의 말씀이 요구하는 바에 따라, 가정에서 하나님을 예배하는 일을 멈추지 않을 것이고

246

기도와 성경 읽기 또한 게을리 하지 않겠습니다. 그리하여 그리스도의 말씀이 우리 가운데서 흥왕하도록 하겠습니다."

매일 아침과 저녁에 가정예배를 드릴 뿐만 아니라, 주일예배가 끝나면 집에 돌아와서 자녀들과 함께 주일 설교에 대하여 토론한 후 그것을 삶의 현장에 적용하도록 인도하였고, 주일 오후에는 모든 식구들을 불러 모아 교리문답을 통해 기독교의 핵심교리를 가르쳤다.

이런 청교도의 가정교육이 지속될 수 있도록 사무엘 윌라드(Samuel Willard)는 교회가 모든 가정이 가정예배와 훈육을 제대로 실시하는지 감독해야 한다고 했다.

(4) 가정예배의 쇠퇴

19세기에 들어서면서 가정예배는 여러 가지 이유로 쇠퇴하기 시작했다. 그 대표적인 이유들은 다음과 같다.

산업화 | 19세기에 들어서면서 산업화의 영향이 미국 청교도에게도 영향을 미쳤다. 산업화는 한꺼번에 많은 돈을 벌 수 있는 기회를 주기도 했기에 많은 가장들이 집 밖에서 분주해졌고 가정에서 신앙교육을 하기가 어려워졌다.

새로운 신학적, 교육학적 흐름 | 또한 자녀들도 죄악 된 본성을 가지고 태어난다는 신앙적 고백을 무너뜨리고 존 로크(John Locke)의 관점을

자녀교육에 적용시켜 아이들의 마음은 백지와 같고 아이들은 순수하고 무결한 상태로 태어난다고 믿으면서 상대적으로 부드러운 성품을 소유한 것으로 판단되는 여성들이 자녀들을 가르치기에 더 적합하다고 받아들였다.

또 당시 유행하던 도제 제도(apprenticeship system) 때문에 교육상의 이유로 10세 전후에서 20세가 될 무렵까지 가정을 떠나 교육받는 사례가 빈번했다.

주일학교의 태동 | 주일학교는 18세기 영국의 로버트 라이크스(Robert Rikes)에 의해 설립되었다. 그는 감리교 신앙에 입각해서 사회를 개혁하고자 했다. 라이크스는 주일학교야말로 복음을 거부하는 가난한 부모를 둔 아이들에게 다가갈 수 있는 기회라고 생각하고, 가난한 아이들이 일하지 않는 주일에 그들을 위한 기초교육을 했다.

1790년에 주일학교연합회가 구성되고 주일학교가 교회에서 중요한 사역이 되면서 급속하게 확산되었다. 그리고 산업화의 영향으로 분주해져서 신앙교육을 제대로 할 수 없는 부모들에게는 주일학교가 대안이었다. 부모들이 믿는 가정의 아이들까지 주일학교에 참여하게 되면서 가정신앙교육은 완전히 쇠퇴했다.

(5) 한국 교회의 주일학교

한국에 복음을 전한 선교사들은 이미 가정신앙교육이 쇠퇴한 다음

주일학교를 통해 길러진 사람들이었다. 물론 그들 개인적으로는 청교
도적 전통을 이어받아 가정신앙교육을 하기도 했으나 한국 교회에는
가정신앙교육이 아닌 주일학교 시스템을 적용했다. 한국 교회는 가정
신앙교육의 역사적 유익을 경험하지 못하고 처음부터 차선적 대안이었
던 주일학교를 최선의 다음 세대 신앙교육 방식으로 받아들였고 현재
까지 이르렀다.

4. 대안 제시

현재 한국 교회가 주일학교의 문제점을 발견하고 많은 개선의 시도
들을 하고 있지만 주일학교라는 패러다임을 벗어나지 못한다면 엔진이
고장 난 자동차가 가지 않는다고 타이어만 갈아 끼우는 형국이 될 것이
다. 성경과 역사를 볼 때 가정을 통한 신앙교육은 하나님의 뜻이며 우리
가 지켜야 할 원칙이다. 그러나 이미 주일학교 교육으로 굳어진 현실을
짧은 시일 내에 개선하기가 어렵고, 가정신앙교육 제도로 돌렸을 때 그
부담을 감당해야 할 부모들의 반발을 충분히 예상할 수 있다. 그래서 가
정신앙교육을 위한 현실적인 대안을 제시하고자 한다.

(1) 신앙교육은 가정에서 이루어져야 한다는 원칙을 꾸준히 교육시킨다

무슨 일이든 철학이 중요하고 방향이 중요하다. 당장은 못한다 하더라
도 신앙교육은 가정에서 이루어져야 하는 일이라고 성도에게 꾸준히 주

지시켜야 한다. 먼저 교회의 리더십이 이 일에 공감해야 하고 각 교회 형편에 맞는 개선책을 찾도록 해야 한다. 성도들에게는 마치 아이들의 학업을 위해 학원에 보내듯이 신앙을 위해서는 주일학교에 보내는 아웃소싱은 그릇된 방식이라는 것을 분명히 가르쳐야 한다. 자녀들의 신앙교육은 주일학교 교사가 아닌 부모에게 책임이 있다는 것을 부모는 알아야 한다.

(2) 실천 가능한 가정예배 모범을 만든다

현실적으로 가정예배를 드리기가 힘들다. 부모자녀 세대가 함께 모일 시간이 없고, 함께 부를 찬송이 없으며, 말씀을 전할 실력이 없고, 말씀을 받을 그릇이 준비되어 있지 않다. 부모도 부담이고 자녀도 부담인 가정예배는 환영받지 못한다. 따라서 실천 가능한 가정예배 모범이 필요하다.

솔직히 말씀을 전할 능력이 되지 않고 찬송과 기도를 인도할 수준이 되지 않는 부모, 특히 가장이 이 일에 부담을 갖지 않도록 해야 한다.

찬송 | 찬송은 찬송가를 하든, 복음성가를 하든 모두가 함께 부를 수 있는 쉬운 것으로 한다. 다만 이 부분은 부모와 자녀 세대가 함께 서로를 배려하며 배우고 노력하는 수고가 필요하다. 부모 세대가 정성껏 부를 수 있는 찬송가도 부르고, 자녀 세대가 정서를 실을 수 있는 복음성가도 불러야 한다. 한동안 같은 찬송을 반복하며 그 가정만의 익숙한 찬송을 만들 수도 있다.

말씀 | 일방적 설교보다 쌍방향 나눔을 주로 한다.

암송가정예배: 모든 가족이 함께 성경구절을 암송한다. 암송해오는 것이 아니고 바로 그 시간 그 자리에서 몇 번 반복해서 암송하도록 한다. 그리고 반복 암송하면서 얻게 된 감동과 적용점을 함께 나눈다.

설교 나눔 예배: 부모와 자녀는 각각 다른 예배공간에서 예배를 드리고 다른 메시지를 듣는다. 부모는 자녀들이 어떤 메시지를 들었는지 알 수 없고, 자녀들은 부모들이 어떤 메시지를 들었는지 알 수 없다. 서로 들은 말씀을 나누면서 설교를 복습하는 효과도 있고, 적용점을 나누면서 신앙을 점검할 수도 있다.

큐티 나눔 예배: 부모와 자녀가 개인적으로 큐티를 한 후 그 큐티의 묵상과 적용점을 나눈다.

기도 | 부모만 기도하는 것이 아니라 자녀들과 함께 서로의 기도제목을 함께 나누고 국가와 교회와 친지의 기도제목을 나누고 짤막하게 돌아가며 기도한다.

마무리 | 함께 주기도문을 하고 마친 후 서로를 껴안고 축복한다.

(3) 주일학교의 방향

가정에서 신앙교육과 전수가 잘 이루어지면 상대적으로 주일학교는 가정에서 배운 신앙을 공동체적으로 적용하는 장이 되도록 해야 한다.

주일학교는 나와 다른 형편, 나와 다른 생각을 가진 사람들과 어떻게 예수님 때문에 하나를 이루며 공동체를 이루어야 하는가를 가르쳐야 한다. 1부에 교역자가 설교하고 2부 분반공부 시간에 또 교사가 설교하는 방식이 아닌, 교역자는 교회에 대하여 꾸준히 가르쳐 영적 공동체를 받아들이도록 해야 하고, 교사는 그것이 적용되는 과정에 겪는 여러 가지 일들을 함께 해주어야 할 것이다.

현재의 주일학교는 가르치는 사람 위주로 편성되어 있고, 진정한 공동체를 경험하지 못하도록 편성되어 있다. 아이들은 상급 학교로 진학할 때 참 외롭고 혼란스러워진다. 그런데 교회에서도 교역자와 교사와 교육 부서가 모두 바뀌며 아무도 그 과정을 영적으로 함께해주지 않는다. 공동체를 경험할 수 없다. 편제도 학년별로 나뉘고, 학교별로 나뉘어 있다. 명칭부터 그렇다. 고등학교 진학을 하지 못한 아이는 고등부에 가기 어렵고, 대학에 가지 못한 청년은 대학부에 가지 못한다. 소외된 형편에 처한 자기가 깃들 곳이 없는 교회의 매정함을 맛보게 된다. 중2 때부터 고2 때까지, 고3부터 대학 2학년 때까지는 한 부서가 될 수 없는 것일까? 영혼을 위한 발상의 전환이 필요하다.

5. 맺는 말

100년 넘어 내려온 전통인 주일학교가 원천적으로 잘못된 제도라고 감히 지적하기도 곤란하고 마땅한 대안도 없는 것이 현실이다. 그러나 분명한 문제점과 한계가 있는데도 불구하고 그냥 반창고 붙이는 식으로 끌고 가는 것은 곤란하다. 언젠가 그 열매는 내 시대가 아니라면 다음 시대의 담임목사들과 가정들이 반드시 보게 된다.

　말씀과 교회사 교육을 통해 우리가 마땅히 나아갈 방향을 제시하고 가정과 주일학교가 서로 보완하여 신앙교육을 할 수 있도록 한다면 우리는 기독교 초기 성도들보다 훨씬 더 지혜로운 자들이 될 것이다.

〈참고 도서〉

1. 케리 피텍 지음, 김시완, 윤혜란 옮김, 《아버지는 가정 목회자》(미션월드라이브러리, 2003)

2. 리랜드 라이큰 지음, 김성웅 옮김, 《청교도-이 세상의 성자들》(생명의말씀사, 2003)

3. 알렌 카든 지음, 박영호 옮김, 《청교도 정신》(기독교문서선교회, 1993)

4. 오덕교 지음, 《언덕 위의 도시》, (합동신학대학원출판부, 2004)

교회사적으로 바라본 초대 교회의 예배와
21C 말씀암송 가정예배의 연속성에 관한 연구

A Study of Continuity between Worship in the Early Church
and the Family worship with Bible recitation in 21st century

— **조성우** 장신대 신대원 2년; 제9기 303비전장학생

서론

사람이 변하면 결국 세상도 변한다. 예배(禮拜)는 사람을 변화시키는 능력의 원천이 된다. 따라서 필자는 이러한 해답을 기독교 예배 가운데서 찾고 싶다. 먼저는 성서적으로 구약 시대로부터 시작된 예배의 흐름에 대하여 자세히 살펴본 뒤, 교회사적으로 당대 기독교인들의 신앙 형성에 큰 영향을 주었던 초대 교회의 예배를 중심으로 하여 후의 중세, 종교개혁 시대의 예배 역사들을 순차적으로 살펴볼 것이다. 이후 특별히 오늘날 여운학 장로를 통하여 이루어지고 있는 말씀암송 가정예배와 초대 교회 당시의 예전과의 신학적 연속성(連續性)에 대하여 살펴볼 것인데, 이 글은 말씀암송 가정예배와 초대 교회 간의 신학적 연속성을 밝힘으로써 당시 초대 교회에 존재하였던 아름다운 신앙적 거대 유산(巨大遺

産)이 역사적인 흐름 속에서 어떻게 변천되고 소실되어왔는가를 보여줄 것이다. 그리고 그 연속성 안에서 말씀암송 가정예배야말로 오늘날의 기독교가 회복해야 할 하나의 중요한 신앙전통(信仰傳統)이며, 나아가 시대적인 신앙대안(信仰代案)이 될 수 있다는 점을 보여줄 것이다.

이 글을 통하여 말씀암송 가정예배를 드리고 있는 많은 가정들이 교회사(敎會史)를 통하여 나타난 예배의 역사에 대한 이해의 지평을 넓히는 데 조그만 도움이 되며, 건전한 신학적 이해와 더불어 더욱 힘차게 그리고 신바람 나게 말씀암송 가정예배를 드렸으면 하는 바람이다. 나아가 오늘날 교회교육의 문제로 고민하고 있는 많은 분들에게 말씀암송 가정예배야말로 앞으로의 교회학교가 지향해야 할 모범적 모델이 되며, 시대적 혜안(慧眼)으로서 다음 세대를 준비하고 훈련시킬 수 있는 최상의 대안이 될 수 있다는 점을 언급하면서 이 글을 시작하고 싶다.

본론

창세기에 나타나는 초창기 구약의 제사는 하나님의 무조건적인 선택과 은혜 이후에 드려지는 제사라고 할 수 있다. 당시의 이방 종교들이 무언가를 얻으려 하는 목적으로 드려왔던 목적과는 달리 야훼 종교의 제사는 은혜 이후에 드려지는 감사적인 성격을 가지고 있는 것을 그 특징으로 하고 있다.

이후 이스라엘 백성들에게 율법이 주어지면서부터 예배의 형태가 형성되기 시작하였다. 즉, 하나님께서 주시는 각본 있는 제사로서 이른바

'레위기적 제사'가 등장하게 된다. 철저하게 하나님께서 명령하신 제물, 장소, 방법, 예배 규칙들에 의거하여 이스라엘 백성들은 자신이 가지고 있는 것을 가지고 하나님께서 요구하신 방법대로 예배를 드렸다. 출애굽 이후 이러한 예배 형태가 시행되었던 성막 시대를 거쳐 이스라엘 백성들은 가나안 정착 이후의 사사 시대, 왕정 시대로 들어가게 되면서 성전 제의(聖殿祭儀)로 이 예전은 그 틀을 갖추게 되고, 이러한 제의들은 점점 이스라엘의 형식적 제의로 그 예배의 모습을 갖추게 되었다.

왕정 시대의 타락 이후 이어지는 분열왕국 시대에 이르러서는 이러한 이스라엘의 형식적 제의와 함께 야훼께서 요구하시는 한 가지 중요한 제사가 나타나게 되는데, 그것이 바로 윤리적 삶을 촉구하는 이른바 '삶의 제사'라는 것이다. 즉, 구약의 예배에서 드려졌던 중요한 야훼 종교의 예전적인 두 흐름은 '형식적 제사'와 '삶의 제사'라고 할 수 있다. 형식적 제사는 제사장적 제의 전통과 그 이해를 같이하며, 야훼께서 요구하신 율법, 명령 등에 의존하여 드리는 제의로서 후의 신약 시대의 성전제사까지 연결이 된다. 반면 삶의 제사는 예언자적 전통의 흐름 속에서 많은 제물과 형식적인 예배보다는 윤리적인 삶, 즉 야훼께서 원하시는 공의와 정의를 이루는 삶의 실천을 강조하면서 구약의 선지자들 및 신약 시대의 세례 요한을 통하여 그 흐름을 이어간다. 이러한 두 가지의 중요한 예배적 형태가 공존하면서 이스라엘 백성 안에서 구약성서 시대 이후로부터 계속 이러한 예전 형태들이 이어지게 되었으며, 이러한 배경 안에서 오늘의 기독교가 태동(胎動)하게 되었다.

초대 교회 안에서 드려졌던 예배의 신학은 그 당시 구약 종교의 흐름 가운데 놓여 있었던 유대교와는 완전히 다르다. 즉, 기독교의 예배는 율법과 희생제사 그리고 공의로운 윤리적 삶을 기반으로 시작되는 것이 아니라, 이 모든 것을 단번에 이루신 그리스도를 믿고 찬양하고 기념하기 위하여 예배하는 것이고, 이것을 교육하고 전승하기 위하여 모이는 것으로 그 예전적 패러다임이 전환된다. 당시의 초대 교회 교인들은 종교적인 안식일을 지키기 위해서가 아니라, 구원의 주 되신 그리스도께서 부활하셨던 주일을 기념함으로써 그들이 가지고 있었던 신앙을 더욱더 굳건하게 하고, 후세대들에게 그 신앙을 교육하기 위하여 예배를 드렸던 것이다.

초대 교회의 예배는 우리가 너무나도 잘 알고 있듯이 로마의 박해 아래 카타콤 예배와 가정예배가 그 주축을 이루었다. 당시의 예배적 상황은 박해 가운데서 드려졌던 예배인 만큼 신앙적으로 소수의 정예 멤버들에 의해서 주도된 예배였다. 그러나 AD 313년 콘스탄티누스 황제의 기독교 공인과 AD 392년 로마의 국교화(國敎化) 선언 이후 급격하게 기독교 예배는 달라지게 되었다. 국교화가 이루어지면서 신앙이 있든 없든 간에 모든 사람들이 무조건 세례를 받아야 하는 상황이 벌어졌고, 이 때 이후로부터 필연적으로 기독교는 교인들의 급격한 질 저하 현상을 경험하게 되었다. 무료 예배처소가 제공되고 점점 더 조직의 규모는 커지는 등 외형적인 발전은 눈부시게 이루어지지만, 반면 신앙적인 동인(動因)은 상당히 느슨해지고, 동시에 교회의 직제화가 이루어지면서부터 일반 평신도들은 단지 말씀을 듣는 수용자의 입장으로 전락해버리고 말았다. 이후 예배 장식, 건물 장식, 각종 조각품들과 종교미술 등의 외적인 화려함이 더해지고, 각종 이교도 문화들과 미신적 요소들이 교회 안으로 흘러들어오면서 기독교는 점점 더 종교의식화, 미신화, 비성서적 측면을 안고 중세 교회를 형성하게 된다. 가톨릭에서는 이 시기를 예전적 발전의 시기로 보지만, 개혁 교회 전통 안에서는 이 시기를 예배의 변질이 일어났던 시간으로 보고 있는 것이 일반적인 견해이다.

종교 개혁자들의 개혁적 성과에 관해서는 이제까지 많은 점에서 강조되어지고 장점들이 부각되며 재평가되어 온 것은 사실이지만, 그 반면 본연의 초대 교회의 모습과는 여러 부분에 있어서 그 연속성이 단절되었다는 것을 우리는 주목해야만 한다. 한국 교회가 이러한 종교 개혁자들의 예배신학과 이후 그들의 영향을 받게 된 초기 선교사들의 선교 아래서 기독교 예전의 한정적 부분만을 수용, 전통화하게 되어 진정 초대 교회의 평신도 중심적이며, 가정 중심적이고, 평신도에 의하여 주도되었던 많은 사역들을 상당 부분 놓치게 되었고, 교회교육에 있어서도 대부분 설교 사역과 성전 중심적 신앙 스타일에만 매달리게 되었다는 것에 그 문제점이 생겼다. 이후 한국의 계몽운동의 시대적 영향과 맞물린 교회학교도 자연스럽게 설교 중심의 신앙교육이 그 근간을 이루게 되었으며, 가정 중심의 신앙교육이란 단지 보조적인 도구일 뿐 핵심적인 교육이라고 생각하지 않는 안타까운 상황까지 이르게 된 것이다. 신앙교육은 오직 교회에서 이루어지는 것이며, 그것은 사역자들에 의해서 이루어지는 것이라는 고정관념에 가까운 인식 때문에 교인들은 교회교육에 있어서 전반적으로 수동적이며 말씀을 듣고 결단하는 형식으로서의 신앙 구조가 한국 교회 안에 뿌리 깊게 형성된 것이다.

현재 한국 교회의 교회학교 학생 수가 현저하게 감소하고 있다는 사실은 이미 기정사실이다. 그에 관한 요인으로 여러 가지를 생각해볼 수 있겠지만, 필자가 가장 주목하고 싶은 요인은 한국 교회는 초대 교회와의 연속성을 잃어버리고 말았다는 점에 있다. 앞에서 언급하였던 것처럼 초대 교회의 평신도 중심적이며 가정 중심적이고 평신도에 의하여 주도되었던 말씀 사역들은 찾아보기 힘들고, 구약 종교적이고 중세 교회와 같이 희생제사적, 사제 중심적, 성전 중심적, 예전적 형태로 대부분의 한국 교회의 교육이 회귀하고 있다는 점에서 필자는 안타까움을 금할 길이 없다. 그리고 역사적인 진지한 성찰이 결여된 채 그것을 당연한 기독교 본연의 것으로 착각하고 있다는 데 그 심각성이 있다.

이러한 점에서 볼 때 '말씀암송 가정예배'는 초대 교회의 정신과 일맥상통(一脈相通)하는 면이 있으며, 그 연속성을 가지고 있다는 데서 그 상당한 의의가 있다. 더 의미 있는 것은 말씀암송 가정예배가 단순히 이론적이고 학문적인 대안이 아닌, 현장에서 나온 그 실천적 실효성(實效性)이 이미 많은 가정들을 통하여 입증되었으며, 교육적으로 훌륭한 임상을 거친 성공적 경험 사례들을 많이 가지고 있다는 것에 그 실제적 능력이 있다.

그렇다면 말씀암송 가정예배라는 것은 과연 무엇인가? 말씀암송 가정예배의 선구자인 여운학 장로의 말을 살펴보도록 하자.

"어린 시절부터 자녀를 굳건한 믿음 안에서 자라게 하기 위해서는 날마다 부모와 자녀가 함께하는 가정예배가 큰 몫을 담당합니다. 많은 성도들이 이런 사실을 알고 있고 교회마다 가정예배를 강력히 권장하는데도 불구하고, 이를 실천하는 가정은 찾아보기 힘듭니다. 어른도 아이도 바쁜 세상이라, 가족이 한자리에 모이기 어렵고, 예배시간에 은혜롭게 설교할 자신이 없거나 이를 준비할 시간의 여유가 있는 어른이 거의 없다는 것이 주요인일 것입니다. 또한 가정예배를 부모의 훈계 시간으로 여기는 경우가 많아 부모의 설교 중심 가정예배에서 벗어나지 못하는 것입니다. 그나마 그렇게라도 일주일에 한두 번 가정예배를 드리다가 자녀가 열 살 이상이 되면, 각종 과외수업으로 바쁜 자녀는 제외시키고, 부모님끼리 메마르고 형식적인 예배로 경건을 유지하려는 가정을 많이 봅니다.

예배란 무엇입니까? 예배는 하나님을 경배하는 것입니다. 예배의 본질은 찬송과 기도와 말씀으로 하나님을 높이는 것입니다. 가정예배에서는 설교 대신, 온 가족이 말씀을 사모하는 마음으로 함께 읽고 묵상하면 될 것입니다. 더 바람직한 길은 평소에 말씀을 함께 암송하는 것입니다. 예배를 통하여 이미 암송한 말씀을 즐겁게 암송하며, 어려운 말씀의 뜻을 풀어주고, 적용점을 나누는 가운데 부모와 자녀 간의 대화가 자연스럽게 이루어지면 부모자녀 간의 장벽이 아예 생기지도 않을 것이며, 가족 사랑도 주님 안에서 돈독해질 것입니다. 어린 자녀들이 남의 의견을 경청하는 훈련을 함과 동시에 자신의 의견을 차분히 간추려 발표하는 훈련도 쌓는 효과가 있습니다. 하나님의 말씀을 중심으로 부모와 자녀가 함께 대화를 나눈다는 것이 얼마나 중요한 일인지 모릅니다. 자녀가 좋아하는 찬송 혹은 303비전꿈나무들을 준비된 맘송과 꿈송을 함께 소리 높여 부르고, 자녀가 각각 돌아가며 부모님을 위해 기도하고 형제자매와 할아버지, 할머니 혹은 일가친척을 위해 기도하며, 나아가서는 교회와 친구들, 선교사님들, 세계 나라들을 위해 기도한 후에 부모님이 성경말씀(이를테면, 창 12:2,3; 민 6:24-26)을 적용하여 자녀에게 축복기도를 하고 주기도문으로 예배를 마치면 됩니다.

그동안 3,000여 명의 엄마들에게 실시한 말씀암송교육과 그들의 일기를 통해서 저는 몇 가지 새로운 사실을 발견했습니다. 첫째는 크리스천 어머니들마다 하나님께서 기뻐하실 가정교육을 원하면서도 어찌 해야 좋을지 몰라 애를 태우고 있었다는 것입니다. 그러던 중에 말씀암송과 암송가정예배를 통해서 이제까지 찾던 것이 바로 이것이었다고 고백합니다. 둘째는 성경을 날마다 읽거나 큐티 하는 것으로 족한 줄 알았는데, 막상 말씀을 암송하고 암송예배를 드려보니, 이보다 더 좋은 가정교육이 없다며 기쁨으로 간증을 합니다. 셋째는 온 가족이 말씀을 암송하고 암송예배를 드리는 중에 부부관계, 부모자녀관계, 엄마들 자신의 신앙생활에 좋은 변화가 왔다는 것입니다. 넷째는 자녀들이 가정예배 사회를 돌아가며 맡는 사이에 기도와 삶의 자세가 성숙하게 되었다는 것입니다. 어려서부터 하나님의 말씀을 먹고, 날마다 가정예배를 드리며 자란 아이들, 곧 정직하고 성실하고 경건한 젊은 엘리트들이 학계, 산업계, 문화계, 종교계, 정치계를 주름잡고 다스리는 세상이 올 것입니다. 이것이 바로 새 역사의 창조가 아니겠습니까!"

이제까지 상당 부분 그 중요성에 관해서 간과되어왔던 초대 교회의 예배와 말씀암송 가정예배의 연속성들을 정리해보면 다음과 같다.

첫째, 초대 교회의 예배가 가정교회를 중심으로 중요한 기독교 신앙교육을 이루었다는 점은 말씀암송 가정예배 역시 가정을 중심으로 한 신앙교육이라는 점에서 그 연속성이 있다.

둘째, 초대 교회가 특별히 평신도 그룹을 중심으로 한 신앙교육을 이루었다는 점은 말씀암송 가정예배의 교육 역시 교역자 중심이 아닌 평신도 중심이라는 점에서 그 연속성이 있다.

셋째, 직제의 절대성보다도 평신도들의 자발적이고 능동적인 사역이 주축이 되었던 초대 교회와 같이 말씀암송 가정예배도 아이들을 그 신앙공동체 구성원으로 세우며, 더 나아가 아이들 중심의 예배를 드리게 함으로써 그 자발적 신앙적 동인을 더 강화한다는 점에서 그 연속성이 있다.

넷째, 수직적인 관계 안에서 교회교육이 일방적인 한 집단에 의해 이루어져왔던 구약 시대나 중세 시대와는 달리 초대 교회의 성령 안에서의 수평적 구도는 말씀암송 가정예배를 통하여 나타나는 부모님과 아이들 모두 하나님의 말씀 아래서 설교가 아닌 암송으로 은혜 받는 모습을 통해 그 맥락을 같이한다고 볼 수 있다.

다섯째, 율법적이고 규율적인 형태에서 드려지는 정형화 된 구조보다도 초대 교회에서 나타났던 절제된 자유 안에서 드려지는 예배의 형태는 오늘날 말씀암송 가정예배를 통해서 다시 재현되고 있다.

여섯째, 당시 유대인 가정의 토라 암송교육을 생각해본다면 초대 교회 유대교인들의 삶의 자리에서 이루어졌던 가정예배는 상당 부분 지금의 말씀암송 가정예배 형태의 모습과 유사한 모습을 가진다는 것에 우리는 주목해볼 수 있다.

결론

우리는 이제까지 구약 시대의 예전적인 형태와 그것의 전승 과정 그리고 초대 교회를 통하여 기독교의 예배는 타 종교의 예배들과 근본적으로 어떻게 다른지에 대한 역사적이고 신학적인 이해를 시도해보았다. 그리고 이러한 시대적인 변천 과정을 통하여 어떤 부분이 기독교 예배 가운데서 간과되어왔고, 반대로 부각되어왔으며, 이것이 궁극적으로는 어떻게 현재의 우리 삶의 자리까지 오게 되었고, 영향을 주게 되었는지에 대한 역사적 고찰을 추구해보았다. 이러한 시점에서 말씀암송 가정예배에 관한 역사적이고 신학적인 연관성을 살펴보고 또한 단선적인 이해를 넘어 어떻게 초대 교회의 교육현장과 그 맥을 함께하고 있으며, 이제까지 간과되어왔던 중요한 신앙적 유산이 무엇이었는지 이 글을 통해 알아봄으로 많은 분들에게 격려와 작은 도움이 되었으면 좋겠다.

자녀사랑은 말씀암송이다

초판 1쇄 발행　　2011년 1월 3일
초판 4쇄 발행　　2018년 2월 26일

지은이　　여운하

펴낸이　　여진구
편집　　김아진, 안수경, 이영주, 최현수, 김윤향
디자인　　마영애, 유주아
기획·홍보　　김영하　　　　　　　　**해외저작권**　　기은혜
마케팅　　김상순, 강성민, 허병용　　**마케팅지원**　　최영배, 정나영
제작　　조영석, 정도봉　　　　　　**경영지원**　　김혜경, 김경희

이슬비전도학교　　최정식　　　　　　　　　**303비전성경암송학교**　　박정숙
303비전장학회 & 303비전꿈나무장학회　　여운하

펴낸곳　　규장

주소　06770 서울시 서초구 매헌로 16길 20(양재2동) 규장선교센터
전화 02)578-0003　**팩스** 02)578-7332
이메일 kyujang0691@gmail.com　　　**홈페이지** www.kyujang.com
페이스북 facebook.com/kyujangbook　　**인스타그램** instagram.com/kyujang_com
카카오스토리 story.kakao.com/kyujangbook
등록일 1978.8.14. 제1-22

ⓒ 한국어 판권은 규장에 있습니다.
이 출판물은 저작권법에 의해 보호를 받는 저작물이므로 무단 전재와 무단 복제를 할 수 없습니다.

책값 뒤표지에 있습니다.
ISBN 978-89-6097-190-5 03230